ザボンよ、たわわに実れ

民主医療に尽くした金《かね》高《たか》満《ま》すゑの半生

Rikitake Haruki
力武晴紀

花伝社

ザボンよ、たわわに実れ――民主医療に尽くした金高満すゑの半生◆目次

第四章　獄につながれて　151

はじめに

これからある一人の女性の生きた跡を辿ろうとしている。それは生活することに必死の人々の医療に携わることによって、彼らの生活苦からの解放に役立ちたいと奮闘した一女医の前半生である。

伝記には、国家権力の弾圧にも屈せず闘った鉄のごとき解放戦士とか、来たるべき社会の礎を築いた類いまれな指導者とか、そのような賞賛の表現がよくなされるが、さて、人間・一個人はそんなに「強い」存在であろうか。一本の葦、とまでは言わないが、人生のはじめから様々な苦難、不運、を背負って生きるのが常ではないのか。逆境の程度の大小はあろう。だが、人はそれぞれの悲しみ、苦しみと共に歩み、しかし、いや、それだからこそ喜び、幸せもそれに比例して大きいのだろう。

金高満すゑも幼少時に母と父を亡くすという大きな悲しみを体験した。それからは自ら「みなし子」という逆境の中で人間的に成長してゆく。

筆者は、「恵まれた」家庭に育ち「恵まれた」才能を十分に開花させた人とは対照的に、この満すゑのような、いわば『家なき子』のレミやマチアのような子どもに感動を覚える。悲しみ、苦しさ、淋しさ、孤独、死の不安、……それを背負いながらも目指す世界へと歩きはじめる。社会の荒波に一人小舟を漕ぎ出す。少女・満すゑと少年・レミがダブってくる。

そのような生き様を私はこの本で描いてみたい。それは人民を導く鉄のごとき前衛ではないかもしれない。一面、常に葛藤や不安のつきまとう、涙もろい闘士であるかもしれない。

この著書は、満すゑ本人の書である「自伝・幾山河越え去りて」(『婦人通信』日本婦人団体連合会、一九八二年一月～一二月号に連載)、「若き日の女医の記録」(医学史研究会・川上武編『医療社会化の道標――25人の証言』勁草書房、一九六九年所収)、『根っこは枯れず』(東京民主医療機関連合会、一九六七年)の三点が元となり、これらからできるだけ彼女自身の言葉を引用して半生伝を作りあげようとした。

特に最初の「自伝・幾山河越え去りて」は単行本化されていないため、全国に流布するには至っていないと思われ、せめてその復刻版としての意義はこの本に認めてもらえるだろうと考えた。

ただ、この彼女の自伝に少し付け加えたいこともあった。個人史を貫く社会的・歴史的要素、特に治安維持法体制が彼女をがんじがらめに捕らえようとする、その実相を、特に治安維持法の成立・展開・廃止というプロセスの中で描こうとした。満すゑの生きた縦糸にこの恐るべき暗黒の魔手が横糸として織り込まれている。

※本書内において、「自伝・幾山河越え去りて」からの引用については（婦・掲載号・ページ数）、「若き日の女医の記録」からの引用については（若・ページ数）、『根っこは枯れず』の引用については（根・ページ数）として記載した。

※引用に際して、執筆者注は〔　〕内に記した。

序章　去来する思い

一九三四（昭和九）年、「思想犯」佐治満するゑは今、市ヶ谷刑務所の独房にいる。二五歳の彼女は二度目の獄中生活に入って、毎日のようにこれまでのこと、そしてぼんやりしたこれからのことが知らず知らず去来する。過去は厳然と横たわり、鮮明に脳裏に焼き付いている。そして今は？　ましてこれからは？　といってもまだまだ先のこと、いや生きて出られるとは限らないのだ。

＊

官憲側は思想という言葉を特殊用語として公然と使っている。曰く、思想係、思想問題、……そしてついに思想犯。

満するゑたちは貧しさに苦しむ人びと、子どもたち、権利が制限されて人間的に扱われていない人びと、そういう人びとの「自由を求める闘い」に連帯し、よりよき社会の建設を目指して活動してきた。正義感にうながされて闘ってきた。

一九世紀半ば、『森の生活』の著者、アメリカのソローはメキシコ戦争や奴隷制度を進める政府に抗議して税金不払いの行動に出た。自分が払う税金が侵略戦争や人権蹂躙に使われるのを拒否したのだ。そして彼は獄につながれた(1)。

「人間を不正に投獄する政府のもとでは、正しい人間が住むのにふさわしい場所もまた牢獄である。……自由で不屈の精神をもったひとびとに出会えるとすれば、そうした牢獄のなかにおいてなのだ。そこは隔離されてはいるけれども、とりわけ自由な、尊敬に値する場所であり、……自由な人間が名誉を失わずに住むことのできる唯一の家である」ソローによれば正義の人こそ捕らえられ、捕らわれない人は悪人かそれに従う傍観者、追随者ということになる。

このような思想犯、政治犯はこれまでの人間の歴史にどれほどいたのだろう。戦争による犠牲者ほどは多くはなかろうが、いわば国内での戦争である階級戦で処刑された人々はアウシュビッツの収容所、広島の原爆ドーム、セネガルのゴレ島（黒人奴隷の積み出し港）の「負の世界遺産」とともに決して忘れられてはならない、心に刻まなければならない負の遺産であろう。

遺産というより彼らは実は歴史変革の原動力として常に動き続ける歯車であり、一時も休むことのない鼓動のようなものだろう。

その、人民解放の戦いの犠牲者、金高（佐治）満する。

ふと、懐かしいふるさとが思い浮かぶ。美しい海と島々、山々。

＊

今は亡きお母さん、お父さん。

心優しい謙二兄さん。弟の博司は今どうしているだろうか。

佐世保の海軍工廠では毎日のように怪我人がでているのだろうか。怪我はしなくても亡き父のように残業と過酷な労働で疲れ切っているにちがいない。

佐世保とその北隣の地域は今や炭鉱が花形産業になろうとしている。でも命がけの地下労働、粗末な炭鉱住宅、民族差別を受けながら働く朝鮮人……。

女学校の友達、女子医専の仲間たち。そして無産者診療所はどこかでまだ無事に活動しているだろうか。東京、大阪、京都、新潟、宮城、千葉、群馬、山梨……全国に広がりかけた私たちの先進的運動はこの戦争中、つぶされてしまうのではないか。希望と不安、勇気と懐疑が交錯する。

（1）H・D・ソロー『市民の反抗　他五篇』岩波文庫、一九九七年

第一章　ふるさと

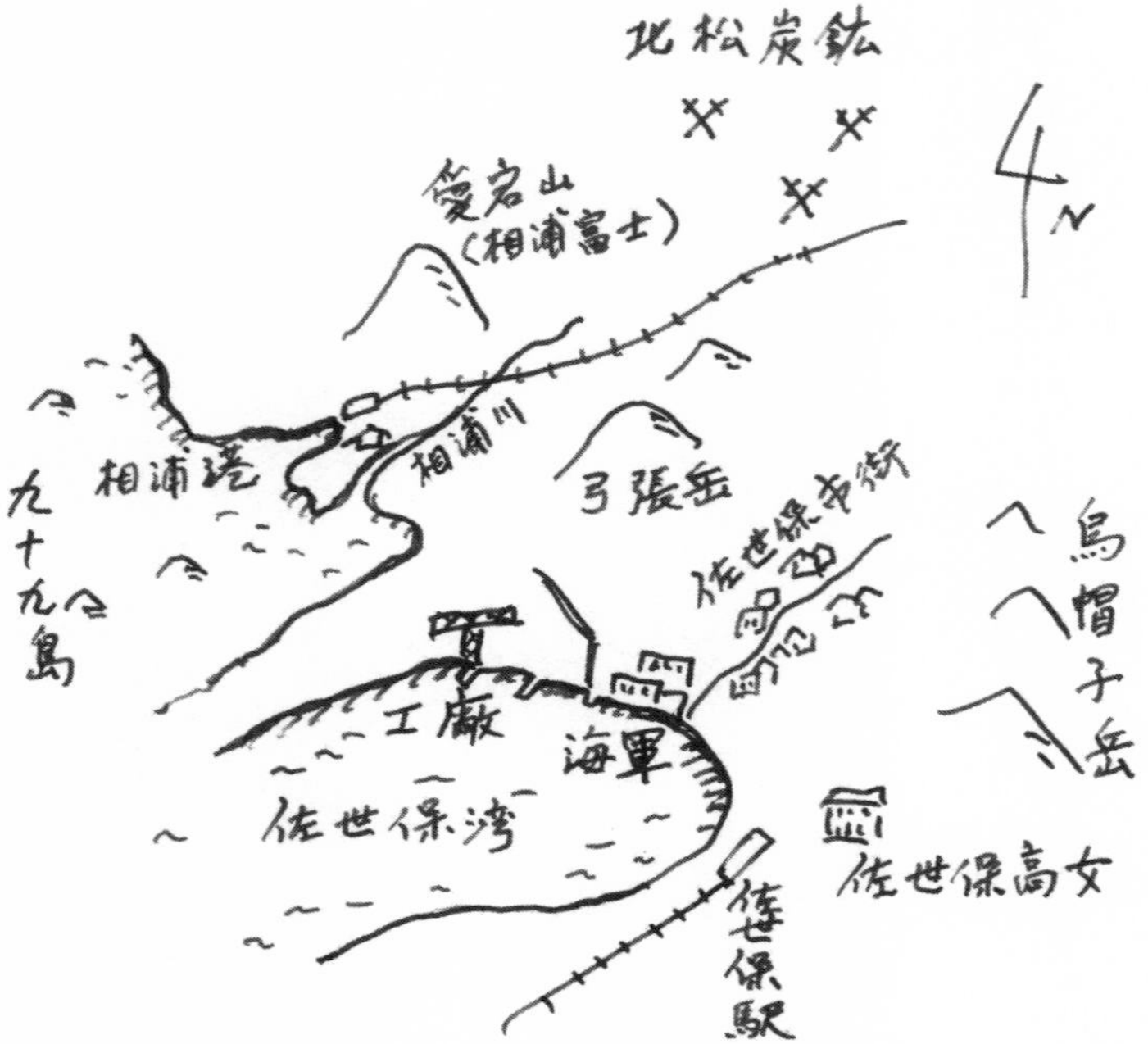
北松炭鉱
愛宕山
（相浦富士）
N
相浦港
相浦川
九十九島
弓張岳
佐世保市街
烏帽子岳
工廠
海軍
佐世保湾
佐世保高女
佐世保駅

軍港・佐世保

九州の西北部の長崎県。その北部の海辺の町・佐世保。九十九島に代表される風光明媚な自然は現在、西海国立公園として「海」の佐世保を演出する。この北隣にはかつての炭坑の町・北松浦郡と南蛮貿易の平戸島。この西海沿岸と島々は隠れキリシタンの聖なる祈りの地でもあった。

旧石器時代の福井洞窟など先史時代のことは教科書にも出ているが、歴史時代に入ってからはほとんど登場しない佐世保。江戸時代は平戸藩と大村藩の境界の目立たない一寒村であった。

一八五〇（嘉永八）年、吉田松陰は長崎から平戸に向かう際に佐世保を通過している（平戸往還）。九月一二日は早岐に投宿、翌日は佐世保、中里を経て江迎の宿へ(1)。

「雨。早岐より佐世保へ二里。……この日の艱難実に遺忘すべからず。一には、八里の間皆山坂険阻の地なり。二は、雨に依りて途中傘を買ひ煩を添う。三は、独行……、呼びて応ふるものなし、唱えて和するものなし。四は、新泥滑々、歩行遅渋す」

と、悪路を嘆くばかりで風物誌にはほど遠い。

それがある日、日本史の大舞台にスポットライトを浴びて登場することになった。

西海、つまり日本の西部を「守る」（攻撃的鎮守府）海軍基地として候補地の佐賀県伊万里湾や平戸の江袋湾（古江湾）を抜いて佐世保が第三海軍鎮守府と決定されたのは一八八六（明治一九）年のこと。人口三千数百の寒村とはいえ八〇〇メートルしかない佐世保湾口の奥に広がる佐世保港は、アジアに向かう要塞として最適地であった。

軍港建設は八七年からはじまり八九年（大日本帝国憲法発布の年）七月一日、佐世保鎮守府が開庁された。この「建設ラッシュ」の波に乗って全国各地から人が集まり、一年間で人口は倍になったという。

しかし、犠牲も大きかった。

「軍港の建設に際しては、発破を仕掛ける、岩山を切り崩すといった危険な作業が急ピッチで進められた。そのため死傷者が続出し、死者は合計八〇名を超えたという。当時の新聞によると、藤田、大倉組の下請け人、賃金の不払いで逃げ帰る者が多い。ある組等、二千人もいたが、今は二、三百人とか、それでも何千人でも甘言に釣られ来る者が多」かったという。[2]

この急激な開発は、歴史と伝統の長崎（市）に対して、ほとんどを他地域からの移住者で構成された新興都市という特異な性格を帯びさせた。しかも産業都市ではなく軍事都市であるから、「佐世保の人間は、県知事の名前は知らなくても、鎮守府司令長官の名前は知っているありさまで、それは徳川幕府時代、天皇の名前を知らなくても将軍の名前は知っている」のと同様であった。しかも佐世保は軍事秘密のベールに包まれた「一種の治外法権的性格」を持ち、他の県民からは「海軍の虎の威を借りるキツネ」とみられる風があったようだ(3)。

軍港建設の後は軍需工場である工廠が、一八九七年に佐世保造船廠としてはじまり、後に佐世保海軍工廠と改名（現在の佐世保重工業の前身）、一九〇二年には佐世保村から一気に佐世保市となった。人口約五万人。

この軍港・佐世保は来るべき戦争でいかにその力を発揮したか。

◇日清戦争

一八九四（明治二七）年。七・一七、開戦決定。七・二四、連合艦隊、佐世保を出港、二日後仁川沖で清国軍艦一隻を炎上さす。八・一、宣戦布告。翌年一〜二月、連合艦隊、

無言の帰国（佐世保港・1932 年）

華やかなる戦勝祝賀と凱旋の陰には戦友に抱かれて無言の帰国をする兵士もあった。軍艦から降ろされる上海事変戦死者の棺。

出所：筒井隆義監修『目で見る佐世保の 100 年』（郷土出版社、2002 年）

威海衛を封鎖、世界海戦史上初の水雷艇による夜襲、清国は降伏。下関条約締結後、連合艦隊、佐世保に帰還。

◇日露戦争

一九〇四（明治三七）年。二・六、東郷平八郎指揮する連合艦隊、佐世保を出港。二・一一、ロシアに宣戦布告。一九〇五年、五・二七〜二八、日本海海戦でロシア・バルティック艦隊を破り、五・三〇連合艦隊佐世保に帰還。

◇第一次世界大戦

一九一四（大正三）年。八・二三、第二艦隊が、八・二四、第一艦隊が佐世保を出港。一〇・三一、ドイツの青島基地攻撃、一一・七、青島陥落。青島で押収されたドイツ人の家財道具は佐世保で競売に。一九一七年、三・一、第二特務艦隊、佐世保出港、地中海へ（輸送船の護衛）。

※「満州事変」の翌年、上海事変後の一九三二年、三・二二、第一、第二連合艦隊六〇隻、将兵一万五〇〇〇、佐世保に凱旋。

軍艦の活動を支えた海軍工廠の浮沈も戦争と共に推移している。工員数は日露戦争前が約五〇〇〇人だったのが戦後七〇〇〇人まで増えた後、五〇〇〇人に戻り、次の第一次世界大戦で又増え、その後一万人を超したが、軍縮時代は又五〇〇〇人台へ。そして満州事変から増加、日中全面戦争に突入（盧溝橋事件）後は二万人、三万人、そして終戦前には工員数は四万五〇〇〇人を超えたのである（この間、佐世保の人口は約五万人から約二九万人へ）[4]。

海軍工廠の労働者

東洋一の軍港・佐世保。では日本帝国海軍を支えた軍需工場の実態はどうであったか。次の記録は当時、福岡から佐世保海軍工廠に強制徴用された一少年の人生である。(5)

一九四一(昭和一六)年、福岡県朝倉郡志波村の役場から一通の通知が来た。七日以内に佐世保海軍工廠に出頭せよ、との徴用令であった。普通の白い用紙であった。

軍隊への召集令状は「赤紙」であったが、強制労働である徴用令状は白い紙だったので「白紙召集」と呼ばれた。

井田さんは高等小学校を卒業後家の農業の手伝いをしていたが、白紙を見た彼は「ああ、俺も一人前の男になったバイ。家んこつが気になるバッテン、お国のためじゃ」と平静に受け止めていた。

井田さんは同郷の他の二人とともに出征兵士並みに、三〇人あまりの大勢の村人に見送られ、筑後川を舟でわたり、対岸の吉井の駅から汽車に乗り佐世保へ向かった。

国民服に戦闘帽、巻脚絆の三人は「百姓しか知らん俺たちが、果たして軍艦をつくる工廠の仕事ができるじゃろうか。寮生活はどげんかなあ」と不安と緊張を隠しきれなかった。最盛期には五万六〇〇〇人が働いたというこの工場の鍛造部門に、彼は配置された。寮は南方の早岐にあり往復二時間もかかった。そこには五六〇人が収容され、大半は徴兵検査前の青年であったが、なかには中年の人もいた。寮の食事は大豆飯に一汁一菜で、この当時の寮生活はどこでもこのように貧しいものであった。

鍛造というのはスチームハンマーなどの大型鍛造機で、軍艦の主要箇所に使う鉄を加熱し鍛え、必要な形を作り、強靭性を与える仕事で、強い体力と高度の技術が要求された。熱と湿気、コークスガスと鉄粉まじりの濁った空気のなかでの昼夜二交替作業であった。ほとんど毎日残業が続いた（満するゑのお父さんも「残業、残業の連続」だった）。通勤と連日の長時間作業で疲労は極限に達していた。とくに夜勤の時は昼間、寮ではよく寝られず疲れが倍増した。

三年が経った一九四四年秋、工廠の風呂で背中に異常を感じた。背骨が突起していたのだ。海軍病院では結核性の脊椎カリエスと診断され、即、徴用解除となり帰郷を命じられた。

当時、結核は国民病といわれており、特に過酷な労働現場での罹患率は高かった。「工場結核」といわれるくらいであった。

田舎から迎えにやってきた姉は、弟のあまりのやつれように驚き、その場に座りこんでしまった。三年前に佐世保へ向かう時とは逆に、列車が故郷に近づくにつれて、井田さんは泣けてしかたがなかった。

わが家で横臥する毎日であったが、翌一九四五年正月、徴兵検査、そして召集令状。白から今度は赤紙だ。病弱の彼は母親に付き添われ、指定された久留米の連隊にやっとたどり着いた。しかし、翌日身体検査をした軍医曰く、「あ、これは使いものにならん」。

この頃から歩行困難がはじまった。

そして終戦。親戚を頼ったりしながら北九州市の病院に入退院。車椅子の生活である。

「井田さんは、脊椎がやられているので、下半身はまったくマヒしたままであり、背もたれがない椅子に腰かけると後ろにひっくりかえる。小便はずっと管からである……」

著者は最後にこう結ぶ。

「井田さんの生まれ故郷の杷木町志波は、古処山系の山々からのなだらかな丘陵地帯と、筑後川にはさまれた静かなたたずまいの農村である。……十六歳の純朴な青年が、徴用令で故郷を後にしたときのままの原風景……。この五十年の苦闘のなかでも、井田さんの純な心は変わっていない……」
赤紙の軍人は敬われ、白紙の徴用工は……。

＊

もう一つ。佐世保海軍で働いていた青年が歩きながら「反軍歌謡」を歌ったため検挙されたと、『特高月報』に記録されている。(6)

「猪野公一　昭和一七年一月二四日検挙。一八歳。
佐世保市黒髪町佐世保海軍々需部宿舎
［種別］反軍歌謡
［概要］本名は客年一二月二三日佐世保海軍々需部運輸手として徴用を受け稼働中のところ本年一月二四日午後六時三〇分頃稼働先たる軍需部より肩書黒髪町の宿舎への帰途、佐世保市福石町二〇二番地先道路上を左の如き歌詞の歌を放歌しつゝ通行中を発見す

行く先や　佐世保の軍需部に
行かなきゃならない　二年間
出て行く其の身の　あはれさよ

可愛い彼女が　泣くだらう
可愛い彼女に　泣き別れ
［措置］本名は軍需たる関係上佐世保憲兵分隊へ移牒す」

家族

祖父母、父母は広島県東部の田島《たしま》の人。二匹の魚が向き合っているように見える島の、東の島が田島である。瀬戸内といえば源平争乱の故事や村上水軍の話が必ず出てくるが、「今でも瀬戸内では、平家の子孫だ、やれ先祖は源氏だと言っているようですが、父方は平家で、母方は源氏だそうです。でも仲のよい夫婦で、けんかをしたのを見たことがありませんでした」（婦・264・42）と、満するゑはユーモアを交えて回顧している。

祖父母は鯛網の網元であったが三年続きの不漁で破産、父が呉の海軍工廠から横須賀へ転勤している時、祖父母は「一家眷属を引きつれて佐世保に移住」。これは父の転勤がきっかけだろうと思われる。

満するゑは、父・仙太郎、母・コルイの長女として一九〇八（明治四一）年一一月一一日、佐世保の街中に生まれた。兄の謙二と次々弟の博司が成人し、二人の弟は夭逝した。

父は海軍工廠の組長で、下に伍長が二人、部下がいたというから中間管理職か。ただ第一次世界大戦の好況時の過労がたたってか、その後まもなく他界。このことは後で述べる。

仕事柄腕が器用であったようで、満するゑが小学校入学する頃引っ越すことになった中古住宅を熱心に改造した。

「山手の住宅地の一番高台にある五間ほどの家で、裏山には果樹園や畑などがありました。登ってゆく段々には盛土を焼丸太と杭で止め、左側はコスモスが咲きみだれ、右側は萩がこぼれ、上の方にはカラタチのしげみ、座敷の前にはズラリと並んだ桜の木、桃、夏みかん、泰山木の大木、ひょうたん池や雑草の生い茂った小路などなど、私共の心を捉えてしまいました(婦・264・44)」

と、うきうきと楽しそうな親子の笑顔が思い浮かぶ。

「私たち兄弟は、あの家を買え買えと父母をせめたて、とうとう引っ越すことになったのです。が、父は土の段々はすべってあぶないと、みかげ石の石段にかえ、水道を引き、電灯をいれ、竹やぶのある深い谷にも塀をこしらえ、子どもたちが泣いてたのんだひょうたん池も、落ちて死んだらどうすると埋められてしまいました。蔀《しとみ》作りになっている壁は硝子戸にかえ、ぬれ縁の下を鶏小屋にしてチャボを飼いました……(婦・264・44)」

母については回想録で二度触れられている。

一つは、心やさしく同情心の熱い人柄。住んでいた「春街」で働く人について、満するゑに諭し教えた話である。
「母がいってきかせたことで今でもよくおぼえているのは、何しろ佐世保の芸者屋街のどまん中で育ったので、おひろめなどで着かざった芸者の姿をみかけると、家々から女や子供がとび出して見物したものですが、母は決して顔を出しませんでした。とび出そうとする私をおさえて、『芸者さんというのは家が貧乏で、しかたなしに売られてきた人たちで、きれいなおべべを着ていてもかわいそうな人たちなんだから、うらやましがってはいけない』ということでした」（若・186）
もう一つは読書や芝居好きの母。

8歳の頃　兄・謙二とともに

出所:「自伝・幾山河越え去りて」(『婦人通信』No.267, 46頁)

「母は高等小学校位しか出ていませんが、たんねんに新聞を読んでいて、いろんな記事を話してくれたり、読んできかせてくれました。十七、八歳の頃、大阪の船場に一年ほど行儀見習の女中奉公に出ていた時期があったということで、御寮はんのお供をしたのでしょうか、芝居のこともよく知っていて活動写真も好きでした。外出のついでにちょいと映画館に入るのです。お供はいつも私でした。だからハリウッドの初期の映画や、草創時代の日本映画は私も大方はみています。

子ども雑誌などあまりない時代で、童話の本などやたら買ってもらえない中でも、ともかく何でも読んでみる習慣がついたのはこの母からの影響を多分に受けたからだと思います」（婦・264・45）

その母も、満すゑが小学二年の時亡くなる。

母と父の死

満するゑは佐世保の街中で生まれ育った。この街は市役所や亀岡八幡神社のある北部から発展し、軍港整備と共に南方へ、つまり海の方へ拡大していった。幼いころの街の思い出を、彼女は次のように綴っている。

「佐世保のメインストリートを本通り、市役所の向かいから折れまがって、西方寺という寺の広い境内の石垣の下から駅近くの川岸までを裏通りといって、その辺が子どもたちのあそび場でした。その通りには待合が二軒、芸者屋が二軒、レンガ塀でかこわれた検番といわれる料亭があり、私の家はそんな家々にとりかこまれたどまん中にありました（婦・264・43）」

子どもたちは男も女もまじって「山や川や街々の探検旅行に（同）」よく行った。よその地域のグループと出会った時などは口喧嘩がはじまり、「次第にエスカレートして石投げ合戦。昔のことですから道路は舗装などしてないけれど、バラスで固めてあって、石などあまり転がっていません。私は小石拾いの補給がかかりをしましたが、それでもよくしたもので双方に怪我人などは出ませんでした（同）」と、やんちゃな娘であった。

面白いのは市役所で遊んだこと。
「市役所も遊び場所で、二階の議場（市議会）はカクレンボに都合のよいところでした。廊下をかけまわるのでよくしかられたのを覚えています」（同）
写真で見ると、今のものと違ってなかなか洒落た市役所であったようだ。

この元気な満するゑに悲しい出来事が続けて起きる。

母は今でいう医療ミスかと思われるような、ちょっとした病気で亡くなった。蓄膿症の手術のために行なった麻酔注射で急死したのだ。小学一年が終わる期末の遠足の日。
「病院に見舞いに行くのを楽しみに〔学校から〕帰ってみると、末弟が牛乳瓶の乳首をくわえたまま、あおむけに転がされて手足をバタバタさせている傍で、お手伝いさんが畳にうつぶして泣いています。私の声を聞くなりガバッと起き上がり恐ろしい顔でにらみつけ『お母さん、死んなすったとよ』と叫びました。その様子があまりにも真剣だったので私はほんとだと思いました。が、それを認めたくなかったので内玄関の柱にしがみついて『嘘だ、嘘だ』と泣き叫び、お手伝いさんは『ほんとよ、ほんとよ』とわめきます。二人で、嘘だ、ほんとだと、どれ位の時間わめき合っていたのかおぼえていません。お手伝いさんはすっかり腹を立て私を引きずるように引っ張って、病院につれて行きました（婦・264・45）」

「広島の因島からかけつけた母方の祖母は、ぎりぎりまで待った葬式に間に合わず、母を焼場に送ったあとに着きました（婦・266・45）」

火葬の後、祖母はまだ三歳の弟の博司を連れて広島へ帰ることになった。その、弟との別れのシーンは痛ましい。

「弟のものを祖母の信玄袋につめてやり、倍にふくれた袋を持ってお手伝いさんが駅に送ってゆくのを、坂の下で見送っている私に、弟は、しばらく行っては『姉ちゃん』と振り返ります。坂の頂上のところで、もう声はきこえませんでしたが、からだを半分にまげて声をかぎりに『姉ちゃーん』と叫んでいる姿を最後に、坂の向こうに消えてゆきました（婦・266・45）」

悲しみは続く。

「父は病気で長く休んでいて、やっと勤務しはじめたばかりの時に妻に死なれ、もう働く気力を失ってしまいました。それでも毎朝たすきをかけて朝食の仕事をし、私たちの弁当をつめてくれました。夕食は伯父の家から、手伝いではたらいていたまたいとこが、毎日とどけに来てくれました。そんな父子家庭の生活がしばらく続きました（同）」

それから、引っ越してまだ間がない家と土地を売って、兄・謙二は分家の家にあずけ、「意地っ張りで憎まれっ子だった私を可哀想だと思ったのか（婦・266・46）」父は満すゑを連れて父の長兄（満すゑの伯父）の家の離れに移った。それからも父の体は回復しなかった。

「小学二年の秋でしたか、学校から帰ると父が床の間の端を枕に寝ていました。昼寝などする父ではなかったので、ちょっと不思議に思ったのですが、押入れからふとんをひきずりおろして父に掛けておいて遊びにでました。夕方近くになって帰ってみると、父がまだ寝ています。ゆすっても覚めないので伯父のところに訴えに行きましたが、『昼寝してるのだろ、寝かしとけ』と取り合ってくれません。布団に寝かそうと思っても力が足りません。翌朝になっても起きないので、心配しながら学校に出かけました。道草もくわずに急いて学校から帰ってみると、父は布団に寝かされていましたが、口もきけず半身不随になっていました（同）」

続く父子家庭の生活は大変だ。

「それから毎朝、父に食事をさせてから学校に行き、昼間、おむつの取り換えは伯父か伯母（伯父の妻）がやってくれますが、おむつ洗いは私の仕事で、ご飯を食べさせ、ひまがあれば遊びにすっとんで行くという生活が、一年ほど続きました。が、三年の夏休みの終わりに、父は亡くなりました（同）」

そして父の死後一年、長崎市の他人に育てられていた末弟が佐世保の満するゑたちに会いにきた、その一週間後に疫痢で亡くなる。

＊

ほんとうに一人ぼっちになった。一〇歳に満たないで両親を亡くし、兄弟も生き別れ、又は死に別れした満するゑは、他人の家で育つしかなかった。

読書好き

お母さんからの影響については前に触れた。ここでは学校の先生からの影響や、預けられた家、つまり伯父さんの家や養父の家での、満すゑの精神的成長についてみてみよう。

「三年生以降、先生が変わり、その先生は、大正時代に有名だった『赤い鳥』という雑誌を購読していて、自分が読み終わると必ず私に貸してくれました。私の綴方〔作文〕を原稿用紙に書き直させて投書してくれたことがありました。入賞はしませんでしたが選外佳作に名前が出ていました。『歌を忘れたカナリヤ』もこの雑誌に載っていて、小学唱歌以外にこういう歌を教わっているのは私たちの級だけでした」（婦・267・47）

大正自由主義の明るい教育は、子どもをのびやかに育てたようだ。

伯父の家へ、父と二人で（兄と弟は別居）越したのは、母を亡くした後（一九一五年、小学校二年の夏）。それから二年後の夏、病気の父が亡くなり、その二年後（一九一九年）の秋に相浦の養家に移るまでの多感な四年間である。

「伯父の家には四年上級の従姉がいて、本屋の立読みや、映画館にただではいる方法など伝授してくれました。童話の本や雑誌など全部本屋のたちよみです。また、従兄などが読みすてた、その頃はやりの立川文庫もみんな読みました。小学校も四年ぐらいになりますと、一番上の従兄など大学程度ですから、『中央公論』や『改造』などがころがっており、そんなものもみんな喰いついたのです。私が新聞を読むのを生意気だとしかった伯父もなかなかの読書家で、カーライルの『フランス大革命』なぞも読んでいました。字が読めるようになってから、とにかく印刷してあるものなら手当たり次第何でも読んだのです」（若・185〜186）

ここはかなりの解説が必要だ。時期は大体第一次世界大戦の頃、戦争景気で経済活動は盛んになるものの、ロシア革命、米騒動などが起きた、歴史の激動期である。社会運動の面では「冬の季節」と呼ばれる一方、大正デモクラシーと社会主義思想の力強い波が広がる時期でもある。この時期、彼女は他の子どもより早く、社会に目を向けさせられる環境にいたと言える。

＊

ここで『中央公論』や『改造』について少し説明することにする。(7)これらに掲載された

当時の『中央公論』（上）と『改造』（下）

記事には、社会や政治に対する批判的なものが少なくなかった。二つの記事を紹介しよう。

一つ目は、日本支配下にある朝鮮（人）の実態と、一九二三年の関東大震災時の朝鮮人虐殺事件についての記事。『中央公論』一九二二（大正一一）年五月号には、吉野作造が「朝鮮人の社会運動について」と題して朝鮮独立運動（三・一運動）後の朝鮮や日本内地での労働運動などを詳細に述べ、一九二三（同一二）年一一月号では「朝鮮人虐殺事件について」の題の下に、恥ずべき日本人（官民合わせ）による非道に同情を寄せて、「今度の災厄に於ける罹災民の筆頭に来る者はこれ等の鮮人でなければならない」と言う。

二つ目は、一九二四年のレーニン死去時のトロツキーによる追悼文。『改造』一九二四

（大正一三）年四月号の、「さらば、レーニンよ！　さらば！」（茂森唯士訳）より。

「思想の天才の松明は消えた。しかし、吾々をして、レーニンと同時代者たらしめ、同僚たり、且つ彼の弟子たることを許した歴史に向かって感謝を捧げよう」

「われわれは、われわれに偉大なる教訓を垂れた彼に、恥じない者となろうではないか。われわれの悲愁のなかにあって、われわれは、われわれの隊列を閉じ、新しき戦闘のために、お互いの心を結合しようではないか。……左様なら、イリッチ！　頭主よ、左様なら」


満するゑはこれらを、女学校時代に読んだのかもしれない。何せ「印刷してあるものなら手当たり次第何でも読んだ（若・186）」彼女のことである。

＊

次は小学五年から女学校卒業までの、養家での六年近く。

「……佐世保のとなり村（相浦村）に養女にやられました。この一家の人々は明治時代のインテリともいうべき人たちでした。私はこの家ではじめて中央の新聞を読むようになりました。『時事新報』というのは在野精神で貫かれていて、時の政府に対していつも批判的だったと思います。船板問題だとか、砂利喰い事件だとか、東京市の汚職事件も根が古いもののようです。政治に対して興味を持つようになったのは、『時事新報』からの影響です。

従姉が女学校にゆくようになりますと、『婦人公論』などを読むようになり、平塚雷鳥さんなどの影響で、婦人の解放は経済的独立からというイデオロギーを私に吹き込みました。……この人〔後にこの従姉の夫となる人〕の本棚から『資本論』を引っぱり出して、ともかくも熱心に読みました……」(若・186〜187)

養父からの影響はまだある。

「女学校に入学してまっ先に養父が手ほどきをしてくれたのは孔子の『論語』でした。例の『子、曰く――し、のたまわく』で始まるあれです。中学校には漢文の授業があってテキストは『論語』ですが、女学校では漢文はありませんでした。養父は論語の内容を解説してくれたのではなくて、漢文の読み方を教えてくれただけです。李白などの支那の古典詩や、日本の近代以降の漢詩を集めた本がありましたので、あとは一人で勉強しました」(婦・268・43)

満するは、養父が以前通っていたミッションスクールでは教師もみんな外国人で、授業でも日常会話でも全部英語だったと聞いている。さぞ彼女も、密かに志すところがあったであろう。

女学校へ

小学五年の秋に佐治家の養女となって一年半、一二歳の満すゑは、旧制佐世保高等女学校を受験。受験したのは小さな村（相浦村）の小学校からは二人だけで、もう一人は大地主の娘であった。数学の試験の出来に不安を感じていた彼女は従妹と兄に頼んで合格発表を見に行ってもらったが、ここに面白い話がある。満すゑは下から見た方が早いだろうとビリから探してみたが、なかなか見つからない。ひるがえって上位から探したところ、すぐに見つかったという。後で二人から「さんざん心配させて！」と叱られたと、自信と不安の交錯した、ともあれかなりの才女であったようだ。

さて、佐世保高等女学校、通称・佐高女は当時、市民にとって栄えある存在であった。「明治も終りに近い明治四五年四月、市民の待望久しかった県立佐世保高等女学校がやっと実現し、三浦町の高台にペンキの色も鮮やかな白亜の校舎が新築されて佐世保駅頭を飾った。それればかりか、このころはまだ珍しかったエビ茶の袴に靴という颯爽たる女学生の登場は、水兵と工員の町といわれていた佐世保の街に一種のロマンを添えた(8)」

佐世保駅の東、烏帽子岳の麓の校舎は標高約二〇メートルにあり、西には佐世保湾を眼下にその先の湾口や五島灘を遠望する、学び舎にふさわしい環境にあった。彼女の回顧録では、

「長崎県立佐世保高女というのは、軍港をみはるかす高台にあって、校庭の桜並木は入港してくる軍艦の海軍の人たちにとって、花の盛りにはなぐさめになっていたということでした」（婦・268・41～42）

校風はどうであったか。

「……三年生の時、校長がかわってそれまでの良妻賢母主義教育がガラリとかわりました。大正デモクラシーの影響で、生徒の自主的活動を助長する方針でした。生徒の自治委員会のようなものが選出されて、全学集会の中で、三年生の時から議長などやらされました。また女子のスポーツが盛んになり出した頃なので、野球をはじめ女子がやる種目はなんでもやりました。クラス対抗のテニス試合の選手を選ぶのも投票できめ

佐世保高等女学校（三浦町・大正時代）

出所：筒井隆義監修『目で見る佐世保の100年』（郷土出版社、2002年）

るというやり方でした。非常に開放的な空気の中で女学校を卒業……」(若・187)と、のびのびとした理想的教育環境であった。

さて、問題は毎日の通学である。住まいは佐世保の北西、北松浦郡相浦村で、先に述べた北松炭鉱から運ばれる石炭の積み出し港、相浦港を中心とした集落である。相浦富士と呼ばれる美しい円錐形の愛宕山の麓から片道三里、一二キロを、三時間かけて歩いて通った。いくら交通量の少ない道とはいえ、往復六時間の徒歩である。一日の四分の一は歩いたということで、大変な日課だ。

ここは彼女の生き生きした文章をそのまま載せよう。

「女学校への通学は片道三里、三時間もかかります。八時始まりの夏季には、午前五時には家を出なければなりません。うちのワンチャンが送ってきます。岩山のトップにきたところで、『もうおかえり』というとそこに坐り込み、私が村の神社やお墓のあるところを通りぬけ、渡し舟のおじいちゃんをたたきおこして向こう岸の土手の上から振りかえっても、まだ見送っているのです」(婦・268・42)

坂道や川べりの情景が目に浮かぶようだ。相浦川を間に手を振る、満する〻と峠のワンチャン。渡しのおじいさんを「たたきおこす」とは活発なお嬢さんである。

「『おかえり』の合図でスゴスゴとかえっていくこの犬との出会いが犬への愛情を育て……」(同)とあるように、両親を亡くし、兄弟とも離ればなれになった彼女の、精一杯の愛情の対象であったことだろう。

これからは南へのびる一直線の道。「県道をせっせと歩いていると、海軍工廠に通う職工さんたちがどんどん私を追い抜いてゆきます。工廠の開門と始業を知らせる『ボッー』という汽笛が二回鳴り渡りますが、それがどの辺で鳴るかが学校に遅刻するかどうかの目安でした(同)」

歩いての遠距離通学路ではいろんな体験があったであろう。いろんなことを見聞きし、考え、感じたであろう。ルソーの言う三種の教育、すなわち、人による教育、自然による教育、事物による教育の中の「事物による教育」をたくさん受けたわけだ。

「海軍工廠を通りぬければ、三分の一ぐらい近道になるので、工廠関係者の子弟たちは、門監という木札をもらって、いくつもある門を通って通学します。私も、父の次兄が技手として働いていたので門監をもっていました。門を入る時と出る時の門衛の小父さんたちともおなじみでしたが、多分、この人たちは私の亡父を知っていたのだと思います。ちゃんとお辞儀をして通りすぎる私を、小父さんたちは、いたわりの眼でみていたようです(同)」

秋は台風シーズン。在学中、大きな台風に何度も襲われ、彼女はとても難儀した。

「……工廠の構内を歩いていると、それぞれの工場が大きな高い鉄の門を閉ざしてしまい、どうにも歩けなくなって、ある工場の前にしゃがんでいると、鉄の門の中の小さな扉が開いて、早く中へ避難しなさいと、私を工場の中へ入れてくれました。その中にはレールが敷かれていて機関車が出入りしている大工場です。私は、父もこんなところで働いていたのだなと思い、一般には公開されない職場に、自分の責任で私を避難させてくれた人の温かさをしりました（婦・268・43）」

と鉄とコンクリートの巨大な造船所の中にも働く人々の優しい心があったことが一生忘れられないのだ。

爽やかな風を顔に受け、炎熱の太陽の下を、また雪まじりの北風の中を、満すゑは一人であの美しい愛宕山麓から歩きはじめ、左手には弓張岳を望み、さらに峠を越えれば海軍工廠と佐世保湾の先に烏帽子岳。その麓の女学校までの、毎日が文字どおりの遠足であった。山と海を遠望しながら、彼女の思いも広い世界へと飛翔していったのであろう。

かつて読んだ『赤い鳥』の夢のような世界、そして『中央公論』や『改造』などで知った社会問題と社会改革への道など……。

＊

通学路の話が長くなってしまった。さて、その女学校では、満すゑはどんな生徒であったか。

女学校から受験先の東京女子医学専門学校へ出された内申書には、彼女の人物欄に「女傑の面影あり」(婦・269・44)と記されてあった。なるほど、それなりの理由があった、と後に回想している。

「現在、中学校などで『女番長』とか『つっ張り』とかいわれている女の子は、昔の女学校にもいました。その一群と、他の音楽好きの一群とが仲が悪く、下手をすれば暴力沙汰にもなりかねないほどエスカレートしたことがありました。その時、担任の女の先生から『あなた、何とかして頂戴！』と頼まれたのです。海軍の下級対上級士官の娘たちの対立でした」(婦・269・45)

こんな殺気立った集団の間に一人で乗り込むとは大した度胸である。生徒集会では議長も務めたというから力量が認められたのであろう。

「……クラス全体の同意のもとに二つのグループを向かい合わせて坐らせ、関係のない級友を立会人として向こう側に、私は司会者としてこちら側に坐って、交互に言いたい放題言わせました。双方がくたびれはてて、馬鹿馬鹿しくなるまで。こうして、何とかうまく解決しました（同）」

先生顔負けの名裁きである。

もう一つある。今度はおっかない事件。

ある日、学校に暴漢が侵入、女生徒を殺傷した。

「『人ごろし！』と叫びながら幾人かが階段をかけ上がってきたので、とっさに『右側の階段から校庭に出なさい！』と、二階の教室の全員を避難させました。その時、廊下を一方通行にさせたのがよかった。というのは各教室からドッと走り出てきた生徒たちが右往左往すれば、二間ぐらいの廊下ではケガ人を出したかも知れなかったのです（同）」

一人が死に、重傷者も出たこの大事件の中、満するゑはまたまた冷静沈着、かつ勇敢な少女であった。

北松炭鉱

満するが女学校時代に住んでいた北松浦郡相浦村を含む北松地方は、佐世保と平戸の間の北松浦半島という大きな地域で、主産業といえば鉱業であった。北松炭鉱である。今の世知原町、松浦市、佐々町、鹿町町などに鉱山が多く、養父の佐治家も炭鉱の所有者の一人であった。彼女の記述によると、

「明治維新の廃藩置県で封建制度が崩壊したとき、大量の武士の失業者がでて『失業手当』ともいうべきものが藩から出たということですが、熊本の細川藩の近習頭だった養父の父は、それを資本に村にいくつかある中小の炭坑を手に入れて熊本から移住してきた一族でした（婦・268・40）」

いわゆる秩禄公債を元手に炭鉱を買い取って資本家になったわけだ。

「『武士の商法』でも、うまくいったのでしょう。まだ公立の中等学校も汽車もない時代に、息子や娘たちを長崎のミッションスクールにまで勉強にやれたほどだったのですから（同）」

ところで、資本主義である限りは労使の利害対立が必然で、都市と同様に炭鉱地帯でも労働争議が頻発した。北松炭鉱に関する資料を抜粋してみる。(8)

「一九三一（昭和六）年
一月　長崎池野炭坑（長崎）　争議人員・四二〇名
二月　大山炭坑（長崎）　同　九九名
六月　志佐鉱業（長崎）　同　六四名
九月　池野炭坑第四坑（長崎）　同　二〇〇名」

このように、満すゑが身近に見聞きした東京の労働争議ばかりでなく、全国のいたるところで階級闘争が繰り広げられていたのである。

さらに一五年戦争中、朝鮮人労働者の多い炭坑では、過酷な労働と民族差別に対する反抗も起こり、それへの日本官憲による弾圧事件も少なくなかった。次は『特高月報』から。

◇一九四〇年二月七日
北松浦郡大野村・日鉄池野炭鉱
李学述が日本人より傷害を受け、それに五〇人が抗議、就労拒否。（警察の介入）
◇一九四四年三月一日

北松浦郡池野炭鉱の五五名、帰鮮の約束変更に対しストライキ。首謀者二名を検束。

（1）谷澤毅『佐世保とキール　海軍の記憶――日独軍港都市小史』塙書房、二〇一三年
（2）同（1）
（3）瀬野精一郎『長崎県の歴史』山川出版社、一九七二年
（4）筒井隆義監修『目で見る佐世保の100年』郷土出版社、二〇〇二年
（5）藤田賢治「『赤紙』ならぬ『白紙』での犠牲者――ある徴用工の五十年」日本機関紙協会九州本部「語り継ぐ未来へ…私と戦後50年」一九九五年
（6）内務省警保局『特高月報　複製版（昭和十七年一月分）』政経出版社、一九七三年
（7）『大正大雑誌　復録版』流動出版、一九七八年
（8）大原社会問題研究所『日本労働年鑑（一九三二年度）』同人社

第二章　医学への道

東京女子医学専門学校

一九二五（大正一四）年四月、満すゑは養父の援助で、東京女子医学専門学校に入学した。しかし別の可能性もかなりあったのだ。

「女子医専予科に入学したのが十六歳半の時、現在の医科歯科系の入学試験の合格率とは違って六人に一人の割で した。……私は、もし東京女子医専の入試に失敗したら、東京女子大にしかなかった社会科の入試を受けるつもりで、養父にかくれて願書を出していました。社会科といえば、現在の社会福祉大学のはしりです」（婦・269・46）

と、いつの時代にもある入試の明暗の狭間を切り抜けてきた満すゑ。

東京女医専とはどういう学校であったか。

津田塾の津田梅子、実践女子学校の下田歌子と並び称される女性教育家、吉岡彌生（一八七一～一九五九）が一九〇〇年に創立した東京女医学校は、一九一二年に東京女子医学専門学校となる。現在の東京女子医科大学である。所在地は当初から新宿区河田町で当時は陸軍士官学校（現防衛省の地）と市ヶ谷刑務所の中間にあった。

満するが入学した一九二五年といえば、世紀の悪法・治安維持法が制定、施行された年であり、細井和喜蔵の『女工哀史』が世に出た年である。学校のすぐ近くの市ヶ谷刑務所は、後に彼女が収監される因縁の獄舎である。

さて、当時の女子医専の学生の姿はどうであったか。

制服は一九二二年にツーピースからワンピースに変わり、冬は紺地に白襟のワンピース、夏はタックのほどこされた白いブラウスと紺のスカートで、男子と同じく角帽を被るところはエリートを誇示していて、角帽と制服で颯爽と歩く東京女子医専生の姿は、当時の女学校生の憧れだったようだ。ただ、満するはこの制服、制帽があまり気に入らなかったという。

住まいは伯母の家から寄宿舎へ、その後は従姉の家に下宿。寄宿舎についてはかなり詳しく書いている。

「牛込の陸軍士官学校の馬場に沿った二階建の長い古い家で、学生たちはうなぎの寝床とよんでいました。六畳に三人、各学年が入り混じってくらしていました。ずっと以前から代々の伝統だったらしく、上級生からすぐ花札やトランプ遊びの仲間に入れられました」(婦・269・47)

この遊びはただの遊びというより、学校生活のストレス発散のためだと彼女は説明する。

「……朝八時から夕方五時まで授業。門限も早く、おまけに明治年代の女子教育タイプの舎監ときて封建的、前近代的で、大正デモクラシーの気配などどこ吹く風かといった吉岡校長ご自慢の校風。勉強はしても圧迫感にたえられない人びとが、寄宿の仲よしの部屋に集まって、ストレス解消に花札などをやらざるを得なかったのだと思われます（同）」

しかし、一方ではかなり活発な行動もしている。次は寄宿舎にはよくある門限の話。

「制服制帽でないと寄宿舎からは出られなかったので、付近に下宿している友だちの家で和服に着替え、帯もおたいこに結んでもらって〔芝居に〕通いました。もちろん門限切れです。陸軍士官学校の馬場沿いの道路から、まだ灯りのついている部屋にピューッと口笛を吹きますと、抜き足さし足で学校の正面玄関のかんぬきをはずしてくれる人がいました。時には石垣の裏にあった中国からの留学生もいる中等学校の裏庭から、その石垣をよじおりて裏門の門衛所の前をしのび足で通りぬけ……（婦・269・45）」

と、なかなかのものだ。

寄宿舎のほうは、住み心地もよくなかった。

「寄宿舎は部屋替えがあって、陽も入らぬ北側です。十二畳ぐらいのうすべり敷に八人が同居、北側に机が造りつけになっているので自分の机も本箱も持ちこみ禁止です。布団を二列に敷くと部屋はいっぱい。しかもどこからか持ちこまれた南京虫になやまされ、下腿全体が赤くはれあがります。新鮮な魚や野菜を食べつけた身には、寄宿舎の魚などとても臭くて食べられません」（婦・271・46）

と、不満たらたらである。外食もたまにはしたが、「このままでは健康が保てないと思い、佐世保から一緒に上京してきた従姉の家に」下宿することになった。

女子医専時代（後列左から二人目が満すゑ）

出所：「自伝・幾山河越え去りて」（『婦人通信』No.269, 46頁）

総じて学校評価は手厳しい、というより噴懣やるかたなし、といったところだ。その他、学校行事の一つ、慈善のカーネーション売りを街頭でさせられてとても嫌だったと長々と愚痴っている。

「少なくとも大正デモクラシーの空気を吸って育った女学生上がりが、まるでトンネルの中に入ったような女子医専のくそ面白くもない学生生活」（婦・270・46）という表現はさすが「女傑」！

その不満対策として歌舞伎の鑑賞や築地の新劇

観劇があり、花札もあったのだろうが、もっと積極的な活動として次に見る社研活動や社会運動があった。

社会科学研究会（社研）

学校に研究会や同好会はつきものだが、この「社会科学」研究会は官憲から「アカ」とレッテルづけられた、社会変革を志向するグループの研究会である。

社研は一九二〇年代なかば、全国の大学、専門学校、高等学校などに続々と作られていき、これが政治批判の講演会やビラまきなどの活動もするようになると、官憲の弾圧を受けることになる。「京都学連事件」（一九二五～二六）は治安維持法の最初の本格的適用である（別稿参照）。

この社研活動が盛んになると文部省は強圧的態度で干渉をはじめる。まず一九二四年から一九二五年にかけて高校、高専の社研を禁止し、大学については学連事件後、学連その他一切の外部との運動を禁止し、純粋な研究活動だけを許可、指導教授をつけて監督させ、政治的な実践運動に参加しないよう厳しく監視と取り締まりを行った。したがって、学生の社研活動は発覚すれば即、検挙・投獄という極めて覚悟のいる行動であった。

では、満するの、女子医専での活動を見てみよう。

「女子医専には、社会科学研究会が何年か前にありました。ＳＳといいましたか。私たちの時代はＲＳという略称でした〔前者は社会科学研究会、後者は読書会のこと〕」（若・189）

この学生の活動には協力的な人もいた。寄宿舎の舎監の話は興味深い。

「女子医専には地方出身の学生が多いものですからほとんどが寄宿舎にいて、通学は許可制みたいなものでした。今の炭労本部〔医専のすぐ南〕の隣の建物が新しく建てられたのが、昭和二年でしたが、その時、明治的女子教育家タイプのおばあちゃん舎監が、若い舎監にかわりました。この人が、一部の私立大学が女子を入学させるようになった頃の明大だったか日大だったか忘れましたが、その大学の出身で、社会科学研究会のメンバーだったということでした」（若・190）

こういう理解ある応援者の存在が学生を励ます。

「女子医専には各級に一人ぐらい給費生がいました。産婆や看護婦などをしていた人で、専検＝専門学校入学検定試験に合格した人たちでした。……その中の一人、二年生だった虎谷キエというのが、舎監と親しくなってその影響を受けたらしいのです」（同）

そして満するの本人は……、

「その辺のところから他の大学の左翼組織と連絡がついたらしく、女子医専にはまず二年生にRSなどの組織が芽生えて、そこから四年生だった私に、東京女子大の学生だったらしいオルグを通じて連絡してきたのです。一年の級にも予科の級にもメンバーがいましたが、四年の級と三年の級は私がメンバーを拡げてゆきました。卒業生の間にも『第二無産者新聞』の読者を拡げてゆきました」（同）

こうして満すゑは、社研の活動の中で無産者新聞の普及に関わることになる。

ここで『第二無産者新聞』について少し説明をしよう。

『無産者新聞』は一九二五年九月創刊。合法的新聞。月刊から旬刊、週刊、そして月に六回の発行と頻度を増し、佐野学、徳田球一らによって運営されていたが、一九二八年の「三・一五」以降は日本共産党を守れという論調になったため、同年夏に起訴され、翌年発行停止の処分を食らう。

その後、二九年八月、新たに『第二無産者新聞』の発行届を提出し、翌月創刊号を、一二月までに一〇号を発行。合法的新聞であるがその内容のため発売禁止になることたびたびで、一二月に廃刊届けをした後は無届の発行、つまり非合法運動となった（三〇年度は一一号から四三号まで、ほとんど発禁。例として、一九三〇年六月二〇日付第二六号「星製薬労働争議に対する国際共産党日本支部日本共産党東京地方委員会の宣言」）。

記事は日本共産党の指導により書かれ、文芸欄は中野重治ら、漫画やカットは柳瀬正夢らプロレタリア文化関係者が担当した。発行部数は一万数千部、時には二万部にせまった。

新聞社内での事務引き継ぎでは、[1]

「三・一五事件以来、未だ一回も休刊せしことなく労働者の支持はますます強化しつつあるをもって、紙代または基金は相当に集まり発行には差し支えなき状況にあり、よって専心、新聞を良くし、なるべく発売禁止とならざるよう、また階級的立場は失わざるよう努力されたし」

と、自信に満ちている。

官憲側の記録では、満すゑら学生の「無産新聞班」取り締まりについてこう述べている。[2]

「……昭和五年中におけるこれら学生、退学生にして……日本共産党の運動を支持し無新の配布、無新の基金を供与するなどの罪を犯したるにより治安維持法違反（目的遂行）事件として起訴せられたるのもの『三一名』に達する実情にあり」

このような捜査網の中で彼女たちは活動したのだ。満すゑの「運命の日」は翌、一九三一年三月にやってくる。

＊

さて、歴史や社会科学の学習、そして学内外への宣伝・啓蒙活動の他に、満すゑらは学内の特殊な問題や現実の様々な出来事にも積極的に関わっていった。

科学的社会主義

「自伝・幾山河越え去りて」には、なぜ戦争になるのかと、次のような回想がある。

「第一次世界戦争が始まったのは一九一四年八月一日――私の小学校一年の時でした。学校では、オーストリアの皇太子をセルビア（現在のユーゴスラビヤ連邦のサラエボ）の青年が狙撃したのが戦争のおこりだと教わりました。いまでもはっきりおぼえていますが、『フーン』と思いましたが、なぜヨーロッパ中で戦争をしなければならないのか、日本までドイツと戦争して青島を占領し、南洋まで出かけていってドイツ領の島々を占領しなければならないのか解りませんでした。

大人たちは戦勝を祝って、旗行列や提灯行列をやってましたが、私たち子どもにしてみれば、書き方の清書の半紙は薄く汚い上に高くなる、消しゴムは消えない、鉛筆は削っても削ってもシンが折れる粗悪なもので、値段は高く、伯父の家の居候で遠慮しいしい小遣いをもらう私には、とても腹の立つことでした。それで先生に『なぜだ』とききました。『戦争中だから仕方がない』という返事でした。『だったら戦争なんかやめたらいい』と言ったら、先生にこっぴどく叱られました。お多福のほっぺたをふぐのようにふくらませても納得できませんでした。

なぜ戦争なんかするのか、何故だ、何故だと思いつづけた疑問が、レーニンの『資本主義の最高の段階としての帝国主義』という本に行き当って、はじめてなるほどと納得がゆきました。それで、科学的社会主義者になって……」（婦・274・44～45）

この到達は女医専時代でのことであろう。これは漠然と戦争は嫌だとか口先で戦争反対を唱えるのとは次元の違う、科学によって裏付けられた、つまり真理を体得して味わえる充実感、確信である。

このレーニンの本は、資本の輸出と外国市場の取り合いで帝国主義戦争が起こるのは必然であり、資本主義経済は行き詰まり次の社会主義社会へ転化せざるを得なくなるということを、多くの実証的資料を用いて解明したものである。

満するゑは学問を研究し真理を知ることのすばらしさを心底味わい、自らの人生の方向を決定的にする力をそこで得たのである。

ここで、マルクスの逝去に際して述べたエンゲルスの弔辞を思い出す(3)。

「……カール・マルクスは、百年にそう多くは出ない傑出した人物のひとりでした。

チャールズ・ダーウィンは、地球上の生物界の発展法則を発見しました。マルクスは、……人間の歴史がみずからを動かし発展させてゆくあの根本法則……の発見者でした。……成長しすぎてほとんど自分が自分の手に負えなくなるまでになったあの法則……この社会が結局は社会のこれまでのすべての歴史的段階と同じように死滅しなければならないあの法則を、発見しました。

……彼は、科学を、とりわけ歴史の強力な槓桿《てこ》、ことばの最も真実な意味での革命的な力とみなしたのです。そして、彼は、彼がわがものにした、知識の全部門にわたる、ことに歴史のあの該博な知識を、こういう力として使い、こういう目的のために駆使しました」

満するゑも、歴史を動かすテコであり革命理論の神髄である史的唯物論にたどり着き、それが強固な確信となって、その後の実践を貫いたのである。

治安維持法（1）

科学的社会主義を確信して社会変革運動に関わる人々に対し、国家権力は激しい弾圧で臨んだ。その切り札が治安維持法である。

この法律は一九二五（大正一四）年に制定、施行された思想弾圧法である。一九〇〇年制定の治安警察法では取り締まることのできなかった共産主義の結社を犯罪とする法律で、天皇制の変革と社会主義運動の二つを撲滅するのが目的であった。第一条はそのような団体を作ることを罰し、第二条で協議を、第三条で煽動を罰し、最高刑は禁錮または懲役一〇年。

ここで当時の国際的、国内的な政治情勢を見てみよう。

まず、一九一七年の世界初の社会主義革命であるロシア革命の成功。すると、すぐにそれに対する干渉戦争が起こり日本も参加、シベリア出兵である。これに失敗し、日ソ基本条約締結（一九二五年）という新たな事態を前にして対策が練られた。今後、人間の交流や貿易がはじまるだけでなく、共産主義思想の宣伝なども日本国内でさかんになってくるだろう、社会主義革命を阻止するためには特別の治安法が必要だ、となる。

日本の体制と相容れない共産主義を抑えるために、一九二二年には「過激社会運動取締法」が上程された。しかしここでは「無政府主義」や「共産主義」、「社会の根本組織の変革」などの内容が曖昧、多岐にわたるということで議事混乱、ついに不成立となった。

そこで当局は言葉選びに工夫を凝らし、「国体」という名文句を担ぎ出した。

「第一条　国体（若しくは政体）を変革し、または私有財産を否認することを目的として結社を組織し、または情を知りてこれに加入したる者は十年以下の懲役または禁錮に処す」

全部でわずか七条に過ぎない法律、その第一条が、その後の歴史を大きく変えた「世紀の悪法」の金字塔である。問題は「国体」と「私有財産制度」という、曖昧な言葉である。ここでは前者だけをとりあげる。

国体という言葉は純法律的概念というよりは「情緒的・感覚的・倫理的・道徳的な——味わい深く、ウェットであるところの——意味をもつ[4]」。そのいい例が、『教育勅語』でいう「国体の精華」である。この国体の美点とは、「我が臣民、よく忠によく孝に、億兆心を一にして世々その美をなせる」こと、つまり天皇に仕え、親孝行して、一つにまとまることだという。

二八年になると最高刑は死刑となり、さらに（権力にとっては）適用の自由自在な「目的のためにする行為の罪、目的遂行罪」を新設、世界でも稀な悪法となった。その後、三六年には、「思想犯保護観察法」が制定され、四一年には治安維持法の再改定がなされた。この治安維持法の展開、変遷については適宜、適所で説明することにする。ともあれ、制定から廃止までの二〇年間で、この法で検挙された人・七万人弱、起訴された人・六千数百人、裁判を受ける前に虐殺された人・一〇〇人弱、獄死とそれに準ずる人四〇〇人以上……。検束された人は数十万人に達する犠牲者を生んだ怪物である。外は軍隊で侵略し、内は治安維持法で弾圧し、日本は帝国主義の道を突き進んだのである。[5]

※この弾圧法は国内だけでなく植民地である朝鮮・台湾・関東州・南洋諸島にも適用されたが、本書では詳しく扱わない。

＊

さて、この治安維持法が国内で最初に大がかりに適用されたのが京都学連事件である。[6]

一九二五年一二月、同志社大学構内で軍事教練反対のビラを見つけた特高が出版法違反の疑いで三三名を検束、数日後釈放。これは新たな犯罪容疑事実を発見するための見込み検束であり、内務省からその軽率さを譴責されたという。

だが事は大きくなっていく。翌二六年一月一五日、今度は司法省主導（江木司法大臣、思想検事の池田克、平田勲らが京都入り）で、治安維持法適用の綿密な計画の上、京都大学生ほか三八名を検挙。彼らは日本学生社会科学連盟のメンバーだったので、「学連」事件と呼ばれる。

これは、後の「三・一五事件」の練習試合のような事件となった。野呂栄太郎、岩田義道などが起訴され有罪となるが、この事件は八か月もの間「記事差し止め」され、しかも新聞は凶悪犯のイメージを大々的に演出した。

この第一次・治安維持法がさらに大規模に適用されたのが、一九二八年三月一五日未明からはじまる「三・一五事件」である。当局はこの大検挙を秘密裡に、そして決死の覚悟で行った。「失敗したら腹を切る覚悟でした」などとの回顧談が新聞に載ったほどである。日にちは二月二〇日の初の普通選挙直後、選挙違反が続々と出てきて人々に気づかれにくい三月一五日と決定した。対象は国際共産党（コミンテルン）の支部である日本共産党と、その影響下にあると権力がみなした労働農民党、日本労働組合評議会、全日本無産青年同盟、日本農民組合などである。全国で検挙された者・約一六〇〇名、約四八〇名が起訴された。

福本一夫、渡辺政之輔ら一五名へは逮捕令状が出たが、ほとんどは証拠なしの見込み捜査で、その中心人物である松坂広政検事は「全国の家宅捜索を受けたものは百数十箇所非常なる大規模なものに亘って居ったのであります。それに依て有力なる証拠を得ようというのが検挙の目的であり方針であったのであります」と平気で述べている(7)。

この際、被検挙者があまりにも多いので、十か所以上の地方裁判所に係属した。北から旭川、札幌、函館、新潟、東京、長野、名古屋、京都、大阪、神戸、岡山、福岡の地方裁判所である。

学内での活動

満するはただ書物で思想を深めただけでなく、学内の身近な問題や社会の様々な課題に積極的に向かっていった。

後に大学紛争という言葉が一世を風靡した時期があるが、当時は学校騒動と言ったようだ。

「あの当時は、やはり学校騒動があっちこっちにありまして、社会全体に生活の窮迫からくる左翼的な空気があった時代ですから、学校の中でもやはり民主化というのか、学校の封建的な空気に行動で反発することが多くなっていきました」(若・192)

具体的には授業料や校友会などではなく、何と、

「たとえば『校長（吉岡彌生）の銅像を建てるから寄附をしろ』とか、『校長の息子さん（吉岡博人）の結婚のお祝に本人は何々が欲しいといっているからお金を集めろ』とか」(同)

何とも日本的経営的というか、封建的な話である。すると、

「教室全体が騒然となって、すぐ学生大会を開いてみんなの意見を聞こうということに

なるんです。若き日の吉岡博人氏が何が欲しいといったのか忘れましたが、とにかく我々学生の夢にもおよばぬお金持ちのお坊ちゃんの御道楽的な高価なものだったんで、学生にカチンときたんですね。ふだんから不平・不満がくすぶっているんですから。なにかというと学生大会やりました。こんなことは女子医専はじまって以来はじめてのことだったのではないでしょうか（同）」

このような学校「騒動」があると、すぐに誰かが煽動しているのだろうと推測するのは管理者や官憲の常である。しかし、

「いろいろな左翼団体にはいっていた連中が煽動したというのではなかったのです。学生大会では我々は黙っていてひと言も喋らないのですけれども、そうでない人たちが『銅像は死んでから建てるものだ』とか『校長は息子に高額な家を買ってやった。そんな金持ちになんでわれわれ貧乏学生がお祝を出さねばならないのか』とか、どんどん発言して、結局は『反対』ということになります（同）」

＊

満するの、学校外での活動で特筆すべきは、地域での無料診療の実践である。発端は学

医化学教室で（左から二番目が満すゑ）

出所：「自伝・幾山河越え去りて」（『婦人通信』No.272, 47 頁）

内の井戸端会議ならぬ「火鉢端会議」である。

「……昼休みなんかになりますと、教室の大火鉢端で何人か集まっていろいろと話すわけです。世の中のことやいろいろなことを。その時は、一九二九年からはじまった世界的大恐慌の真最中でしたし、日本では、東北の飢饉が加わったりして、娘が売られたりなんかして、昭和のその年頃から恐慌の時代でした。……授業料が払えないと学校の門のところにズラッと名前を掲示板に並べられるわけです。そういうことがあるような時代だものですから、社会的なことにもなんとなしにみんなが関心を持っていましてね、それと学校の医学教育にも不満を持っていて、卒業しても医者として実際の役には立たない不安があるわけなんです。それで自分たちの勉強もかねて、スラム街で何か役に立つことをしたいというようなことから『無料診察をやろうではないか』ということが、火鉢端会議で……はじまり、級会、学生大会となって、準備委員会が組織され、各部署に責任者が決められ、資金づくりの映画会などもやって相当の資金をつくりました（若・193）」

映画では徳川夢声にも頼んだとのこと。学生だけでは無理なので、「医局の先生方も薬品の購入とか機械器具選定購入とかで協力して下さり、外科や眼科なんかですと手当の仕方も医局で教えて下さいました（若・193〜194）」

実践地については、「どこを選ぶかということで、東京市の民生課ですか、そういうところと連絡を取って、尾久の市営住宅（市営住宅といっても関東大震災のあと急造されたバラックで全くのスラム街です）の公民館（若・193）」に決まった。この、学生による無料診療実践はずいぶん好評だったようで、「私たちが全部いろいろなことを組織してやったんです。それが伝統になってずっと続いていたそうですが、……こういうところがあとになって至誠会の病院になるきっかけになったのじゃないかと思います（若・194）」

新宿区の学校からかなり遠い尾久に、二〇二一年まで女子医大第二病院（医療センター）があり、社会的に大きな貢献をしていたのは、実は満するゑたちの蒔いた「一粒の種」が大木になったものであろう。

はじめての逮捕

女子医専には社会科学研究会（社研）以外にも学外のいろんな団体に関わっている学生がいた。

「私たちの学校では、ちょっと研究会に誘ったり、モップル（国際労働者救援会）の活動に協力する人は大勢いました。新興医師連盟の会費を出す人が二〇人くらいいました」（若・192）

「また救援会の活動など、西部地区にある大学高専の組織と連絡をとりながらやりました」（若・191）

このような活動を、権力側は執拗に監視し、追跡している。「……という情報を得、日常的に内偵を続けた結果……」というような表現が新聞報道に堂々と載る時勢である。満するゑたちは当然マークされていた。

「その頃、特高警察は私を逮捕しようと学校側と連絡をとっていたのです。同級生たちの努力もむなしく、最後の内科の追試験場から、私はついに逮捕されてしまいました」（婦・272・46）

もう少し詳しく見てみよう。

長い引用になるが、学校で逮捕される状況というものがよくわかる。いわゆる現行犯逮捕などとは違うのだ。

「昭和六年の卒業試験の最中に、全国の大学高専の左翼組織、そういったものに対する弾圧が始まりました。女子医専ではまず二年生が検挙されはじめました。私は後に無診〔無産者診療所のこと〕に参加した卒業生の宮崎てるさんの家に隠れていて、試験場にサッと現れては試験を受けるという形で卒業試験を受けたのです。……その時非常に同級生がかばってくれまして、学校の教務室の前に必ず誰かが張り込んでいるのです。そして、教務主任が警察と連絡するかどうか偵察していて、『教務主任が警察と連絡しているよ』ということで知らせてくれるのです」（若・188）

学生の方も警察顔負けの偵察ぶりである。

「当時、試験委員というのがあって、試験場を決めたり卒業試験全般についての世話役がいましたが、その人たちにも立ち聞き役が連絡するらしいのです。私、病気をしたり、組織の仕事で試験が受けられなくて追試験を何科目か受けたのですが、危ないというので、病院のようにパッと試験場を移してくれたりしまして、ずいぶんみんなでかばってくれたんです」（若・188〜189）

そしてとうとう大詰めがやってくる。

「だけど、学校のほうも警察のほうからヤンヤいわれるものだから、一番最後の内科の筆記試験の時に、三年生と四年生と合同でやることになって、あまり大勢だったので大教室でやらざるを得なくなった。その時警察は張り込んでいて、教務主任は私のそばにつきっきりで『出なさい、出なさい』というのですが、とにかく試験だけは受けてしまおうと思って頑張っていたのです。運よくやまをかけたのがあたって問題はやさしかったのですが、ヒョッと周囲を見てみると、警察がきているということがわかっているものですから、みんなが緊張しちゃってブルブル震えているのですね。それを見たら気の毒になってしまいまして、教室から出てしまったのです。それで逮捕されてしまったのです」(若・189)

こんなに緊迫した、学友の共同戦線の中での試験であった。

※『社会運動の状況3(昭和6年)』の、「学生々徒の社会運動関係検挙者調(二)(自昭和六年一月至同十月)」には、「東京女子医学専門学校　検挙取調人員・九　治安維持法違反・二(釈放)その他・七(釈放)　学校処分(放校・一、停学・二、訓戒・四)」とあり[8]、満するゑは検挙、取り調べを受けた後、不起訴で釈放されたが〝放校〟、つまり退学処分と解される。

これが三月のこと。

満すゑは「警察からでてきてしばらく、佐世保の郊外の養家に帰って（若・195）」いたが、「結局、家出をして（同）」、「四月の終わりにまた東京に帰って（同）」きたとあるので、処分は警察ではなく学校側に任されたということだろう。

『検挙者の記録(9)』の満すゑの欄や『特高月報』には、その後の一九三三年と四一年の検挙が載っているだけで、この三一年三月の逮捕のことは見つけることができない。

※『思想月報』第六号には備考欄に「昭和六年、学生運動で検挙」とある。

彼女の回想によると……、

「ところで逮捕されてからのことですが、あとで聞きましたら、卒業式に私の名前をちゃんと呼んだというのです。ずっとのちに聞いた話ですけれども、そんな内科の筆記試験の一つぐらいは問題ではなかったんだといっていました。内科の実地試験はパスしていました。学校当局は、半年ぐらい家でおとなしくしておれば卒業証書をやるという約束が保証人との間にあったんだそうですけれども、私をためすつもりだったのでしょうか、私にそれをいってくれなかったのです。結局、家出をして（若・195）」

と続く。

※後の回想で「一二年間の養女時代」という言葉が出てくるので、どうもこの「家出」を機に離縁され、佐治満するゑから元の金高満するゑに戻ったと思われる。

満するゑは少女の頃から、物事を深く、批判的に考える人だった。戦争はなんで起きるのか、レーニンの『帝国主義論』を読んでやっと腑に落ちたという話は前に書いた。しかしそれは、学問が、社会科学がわかった、ということである。それが即、わが行動に結びつく、行動を引き起こすというほど単純なものではなかろう。

多方面にわたる読書をし、自ら吟味し総合的に判断したとしても、あることをわが「使命」とし、万難を排してそれに専心するに至るにはある自覚が必要だろう。つまり「自らに由あり」という意味での自由の意識、行動の原因は自分の内にあるという自信。

自由と歴史法則

このことについて思い出すのは、プレハーノフの『歴史における個人の役割』である。(10)マルクスは歴史の発展法則を発見した。しかし、歴史の法則、つまり歴史的必然の中で一つの歯車として行動することは、自由のない、ただの機械のようなものにすぎないのではないか、それは自由ではないのではないか、という見方がある。これに対して、プレハーノフは次のように反論する。

われわれが今問題にしている自由とは、何でもできる自由、何でも選べる自由とは違う。われわれがいう自由は社会的行動の自由であるから、歴史の発展法則がある限りそれから遊離したところに自由があるはずはなく、歴史の法則に自覚的に従うところに自由があるのだ。

「この行動をせずにはいられない」、「これとは別の行動をとることができない」という心理状態である。ここでプレハーノフは、カトリック教会にプロテストするルターを登場させる。ルターは「九五箇条の意見書」をヴィッテンベルグ大学の扉に貼って、こう言ったそうだ。

「わたしは、ここに立っている。それ以外にはできないのだ」

この、真理の自覚で確固不動となった決意、これが本当の自由だとプレハーノフは言うのである。

「そのように恣意的な選択の自由がないということは、同時に行動の自由の最も完全な現れにほかならない」

そして、この歴史法則を自覚して行動する人間を次のように描く。

「(歴史法則を自覚した者は) 生まれかわり、新しい、充実した、これまで経験したこともない生活を手に入れるのである。そして彼の自由な活動は、必然性を意識的に、自由に、表現したものとなるだろう。

その時、彼は大きな社会的な力となる。

彼は、猛然たる神雷のように

狡猾ないつわりに

とびかかる」

きっと、満するゑもこの自由の意識に満たされ、権力の暴力に何度襲われても、イエスのように、ガンジーのように、「狡猾ないつわり」にとびかかっていったのであろう。

南アフリカの人種差別政策（アパルトヘイト）に対して果敢に闘った黒人、スティーブ・ビコは、警視総監の密室で拷問を受け血を流しながらも、暴力を振るう総監に対して、毅然として堂々と言った、(11)

「君は何をそんなに恐れているのだ」

この自信、これこそ「自由」の意識、すなわち「歴史的必然の意識化」のもたらす自信であろう。

満するゑたちは、資本家が労働者を、地主が小作人を搾取し支配する社会から、労働者と農民を含む民衆が主人公である社会への転化を、歴史の法則であるとみなした。歴史とはすなわち階級闘争の歴史であり、この変革の主体は労農階級である。この闘いを、あの伊東三郎は「凧上げ」を使ってうまく表現している。彼はエスペラント運動だけでなくすべての社会変革運動のことを言っているのだ。

「エスペラント運動は要するに凧上げだ。部屋に閉じ籠っていては駄目だ。娑婆に出て、吹きつける強い風を真っ向から受けて突っ走らなくてはならぬ。風が強ければ強いだけいい。吹き付ける風の方向を見違えぬこと。これが必要だ。一筋の理論による指導の糸を確固として手に握り、風に応じて糸をぐんぐんのばしてゆくのだ。そうするとエスペラントの凧はひとりでに上がる。天まで上がる。

この糸がこの本の中に隠してある。そしてこの凧上げはエスペラント以外の世の中の諸問題にもあてはまる」(12)。

満するゑもこの「糸」をみずから見つけ、そしてしっかり持ってけっして手放さなかったのだ。ときには容赦ない暴風雨に乱れたことはあっても。

ここで、「自由」という多義ある語の魔術にひっかからないようにしたいものだ。わたしたちの立場や行動の核心を言い表すのに、「〜主義」という言葉がある。そこで、自由こそ大事だという意味で「自由主義」という言葉がよく使われるが、そこにはここまで述べてきたような「法則に従った自律的な行為」という意味はなく、個人主義や利己主義、または恣意主義の意味であることが多い。

だから、社会主義の反対は自由主義であり、全体主義の反対も自由主義だ、というような間違った用法が生まれ、混乱が生じる。（前者は資本主義、後者は個人主義が正しい。）従って、わたしたちは「自由」という言葉をなるべく使わずに、別の語に代えたほうが不毛な議論や更には不幸な争論に陥らずに、より協調的で建設的で実り豊かな対話となるのではなかろうか。

みなさんの自由な思考に、いや偏見や独断に囚われない科学的な思考に期待するところである。

（1）内務省警保局『［復刻版］社会運動の状況（昭和5年）』三一書房、一九七一年
（2）同前
（3）ドイツ社会主義統一党中央委員会付属マルクス＝レーニン主義研究所『マルクス・エンゲルス全集（第19巻）』大月書店、一九六八年
（4）奥平康弘『治安維持法小史』筑摩書房、一九七七年

（5）国内の適用の実態は一五四ページの表を参照。
（6）同適用の最初は一九二五年一一月に朝鮮で起きた「第一次朝鮮共産党事件」である。
（7）「三・一五、四・一六事件回顧」『現代史資料 第16』みすず書房、一九五六年
（8）内務省警保局編『社会運動の状況3（昭和6年）』三一書房、一九七一年
（9）小森恵『治安維持法検挙者の記録――特高に踏みにじられた人々』文生書院、二〇一六年
（10）プレハーノフ『歴史における個人の役割』木原正雄訳、岩波書店、一九五八
（11）映画『遠い夜明け』リチャード・アッテンボロー監督、一九八七年
（12）伊東三郎『高くたかく遠くの方へ――遺稿と追憶』土筆社、一九七四年

第三章　無産者診療所

ほんとうに必要としている人々の医療を

貧しいために医者にかかれない人々、そのための医療をめざす運動はいつ頃からはじまったのだろう。

狭義の民衆病院、大衆病院というものは、『医療社会化の道標』の付録、「医療社会化運動の略年表」によれば、概略は次のとおりである。

二〇世紀早々、医学専門学校令（一九〇一年）や医師法（一九〇六年）などによる医師養成や制度についての整備が進む中、労働問題・労働災害などの増加と相まって、都市部での「実費診療所」や「平民病院」、農村での「医療利用組合」が作られていくのが一九一〇年代。そして第一次世界大戦とロシア革命後の一九二〇年代は、キリスト教による慈善病院とは別の、無産者のためのセツルメント医療や、労農運動と連携した診療所建設がはじまる。「医療の社会化」が当時のスローガンだったようだ。前記した、満するゐたちによる尾久での無料診療もこの流れの中でのことである。

無産者、つまり労働者や農民、貧しい都市民のための医療は、いわゆる「救援運動」の一部をなしていた。

労農救援運動について。一九二七年から二八年にかけて、千葉県野田醤油で労働争議が起きた。何か月にも及ぶ争議で、多くの生活困窮者が出た。さっそく、救援運動がはじまった。

さらに二八年の日本共産党弾圧事件、「三・一五事件」でも多くの検挙者が出て、生活苦だけでなく拷問その他による病人が続発したため、救援活動は組織化された。「解放運動犠牲者救援会」である。

こうした流れの中、いよいよ「無産者診療所」設立の機運が高まっていく。それは、一九二九年三月五日の、山本宣治の暗殺がきっかけとなった。

治安維持法（2）

さて、労農党代議士・山本宣治はなぜ暗殺されたのか。

それは、一九二五年制定の治安維持法が二八年になってさらなる強化が企てられたことに対し、命がけで反対したからである。この「第二次治安維持法」について説明しよう。「三・一五事件」で明らかになったように、反体制者のあまりに多いのに恐怖した権力は、さらなる弾圧強化をもくろんだ。一九二八年の改訂案では、この「国体変革」、つまり天皇制廃止を目的とする結社の罪を特に大きくして、共産党員に対し「死刑または無期……」と刑を強化した。しかし、実はその後の展開をみてもわかるように、新設された「結社の目的遂行のためにする行為」を罰するという規定が大きな力を発揮することになる。

「第一条　国体を変革することを目的として結社を組織したる者、または結社の役員その他指導者たる任務に従事したる者は死刑または無期もしくは五年以上の懲役もしくは禁錮に処し、情を知りて結社に加入したる者または結社の目的遂行のためにする行為をなしたる者は二年以上の有期懲役または禁錮に処す。

私有財産制度を……目的遂行のためにする行為……十年以下の……」

目的遂行罪、官憲側は略して「目遂」と記載するようになるが、それはこの目遂罪が多用されたためである。治安当局が「～のためにした」と解釈すれば善意のカンパも読書会もこれにひっかけることができた、何でもできる重宝な武器であった。

例えば哲学者・戸坂潤は、数年前から唯物論研究会という純学問的研究団体の中心人物であり、機関紙『唯物論研究』で弁証法的唯物論を論じたり、『日本イデオロギー論』などの著書で現代思想の分析・批評を行ったが、これらが究極的には共産主義の宣伝、日本共産党の目的に沿う「目的遂行罪」であるとされて、一九三八年に検挙されることとなる。

このような内容の改正治安維持法案が上程された。ただし、議会はすんなり進行せず、ついに審議未了となった。そこで、政府は奥の手、切り札を使った。天皇による「緊急勅令」である。

「昭和三年勅令第百二十九号（治安維持法中改正の件）

朕ここに緊急の必要ありと認め、枢密顧問の諮詢を経て帝国憲法第八条第一項により、治安維持法中改正の件を裁可し、これを公布せしむ

御名御璽

昭和三年六月二十九日

第一条……」

そして、翌一九二九年初頭、この勅令を承認するかどうかの国会が開かれた。

山本宣治

山本宣治（一八八九～一九二九）、略して山宣は、京都・宇治出身の生物学者で、産児制限運動にも携わり、後に労農党代議士となる。すでに述べたように、一九二八年、衆議院で治安維持法の改訂（最高刑を一〇年から死刑にし、適用自在の「目的遂行罪」を新設）が難航し、天皇による「勅令」で制定され、翌二九年にこの勅令を承認するか否かの議会が開かれた際、彼はそこで、治安維持法の強化に反対した。

この議会（第五六回帝国議会）の議事速記録を一部引用しながら、この「中改正」という名の大改訂についての衆議院本会議の様子を一部見てみよう(1)。

まず、反対派で旧労農党の水谷長三郎の発言を挙げることにする（山宣は前日の大阪での演説で「明日は死刑法・治安維持法が上程される。私はその反対のために今夜東上する。反対演説もやるつもりだが質問打ち切りのためにやられなくなるだろう」と予測したとおり、発言できなかった）。

「私らは無産階級選出の代議士と致しまして、かくのごとく暴虐飽くところを知らざる階級的悪法、治安維持法緊急勅令に対しては断乎として反対するものであります。……われわれが本案に反対するのは、憲法違反であるという形式論の上に立って本案に反対するものではありませぬ。今日、無産階級の立場から考えますれば、……憲法第二条に謳われたところの臣民の権利、即ち言論集会、結社の自由、あるいは信書の秘密、あるいは住居の保障、こういうものは今日の反動政府の下においては――反動政府の下においては木端微塵に砕細されて、ややともすれば無産階級の立場からすれば、憲法第二条の臣民の権利は一種の空文のごとき感を懐かしむるのである。……もっと深いところの本質論に立って本案に反対するものである。即ち治安維持法緊急勅令はおろか、治安維持法そのものさえも廃止しなければならないという立場に立っておるのであります……」

ところで山宣は、その前の委員会で、堂々と政府攻撃をしている。前年の「三・一五事件」での警察署での特高による拷問の暴露である。この一九二九(昭和四)年二月八日の発言は、国会での公言としてきわめて重要である。長くなるが言葉の力というものをここでしっかり受け止めたいものである。(2)

「……それはかの共産党事件に連座いたしまして、所々の警察署において取り調べを受けた被告あるいは被疑者の受けた待遇であります。これは地方的には私が今具体的に持っております実例は、福岡県、あるいは大阪府、兵庫県、京都府、あるいは北海道函館、札幌あるいは東京という風な所で、ほとんど全国にわたっておる例でありますが、無責任な讒誣でないという証拠に二、三の例を申します。

函館におきまして被告となりました福津正雄という人間は、函館警察署におきましてコンクリートの洗面所か浴室のようなところに、冬の寒空に真っ裸で四つ這いにさせられて、そうして取り調べに従事した刑事は、お前は労働者だから北海道の労働運動をするんだと言うので、四つ這いにならせて、竹刀で殴って、そのコンクリートの上を這い回らせた、そうして『モウと言え』と言うて『モウ』と言わせ、あるいはその床を舐めろと言うて床を舐めさせた、それで三十四回もつまり昏迷に陥るまで竹刀で哀れなる青年の尻を叩いて、走り回らせたという例が函館の裁判で現れて参りました。

それから静秀雄という被告は、これはまた竹刀で繰り返し殴られて、そうして自分は既に悶絶した。ふと、眼が覚めたら枕許に茶碗に線香が立ててあった。即ち攻め殺したものと思うた人間が、流石に死んだ者の怨みが怖いか冥福を弔うために、その死体と見られた者の枕辺に線香を立てて置いた。

こういう風な実例は多くあります。用いられた道具は例えば鉛筆を指の間に挟み、あるいはこの三角型の柱の上に坐らせて、そうしてその膝の上に石を置く、あるいは足を縛って、逆さまに天井からぶら下げて、顔に血液が逆流して、そうして悶絶するまで打っちゃらかして置く、あるいは頭に座布団を縛り付けて、竹刀で殴る、あるいは胸に手を当てて肋骨の上を擦って昏迷に陥れる、あるいはまた生爪を剥がして苦痛を与える。

福岡において、あるいは大阪におきまして、あるいは北海道において、被告が口を揃えて言うたことが偶然暗号しておる。どう暗号しておるかと言うと、取り調べの任に当たった人間はいつも顔見知りの高等係ではなくして、泥棒やスリを相手にしておる司法係や治安係という腕節の強い人間がそこへ来て言うようには、此の取調べに当たってお前方三人四人殺したところで上司は引受けてくれる、昭和の甘粕だからうんとやると言うようなことを言うておった。これが偶然の暗号であるならば甚だ奇妙なことでありまするが、もしそういう風な事例が全国的に出たとするならばこれは由々しき大事でありまして、政府それ自身が行政警察規則の第何条でありますか、懇切丁寧にすべしということを自ら蹂躙しておるというようなことで、この事実を聞いた弁護人は政府がかくのごとき非合理的なる犯罪捜査の方法を今なお用いるならば、政府それ自身がこの事件に関する公訴権を放棄したものとみることが出来る。故に無罪であるとまでに論告した程の実例があったのであります。これに関して私の話に関する当局のご所見は如何であるか」

このように、拷問が事実ならば政府は公訴権がなく、したがって被告は無罪だ、という。

＊

結局、三月五日の衆議院本会での議決は次のとおり。

「勅令第百廿九号（治安維持法中改正の件）、承認を求むる件

投票総数　四百十九

可とする者　白票　二百四十九

否とする者　青票　百七十」

治安維持法中改正は可決された。

そして、その日の夜、山宣は定宿の神田・光栄館で右翼の暴漢に刺殺されたのだ（写真は光栄館跡に建てられた説明板）。

山本宣治終焉の地（光栄館跡）の説明板

1929 年 3 月 5 日、治安維持法改悪法案が衆議院で可決された夜、右翼に刺殺された現場近くに東京山宣会により 2019 年設置（千代田区神田神保町）。

無産者病院設立発起人会

山宣の通夜の時、山宣記念病院設立の計画が出され、葬儀の後、病院設立募金募集委員会が結成された。そして無産者芸術家連盟（通称ナップ）の機関紙『戦旗』四月号に、「山宣記念、労働者、農民の病院を作ろう」のアピールが掲載された。文は大栗清美が書き、山宣の亡骸の素描は大月源二が描いた。

その翌日、一九二九（昭和四）年四月日、本郷区基督教青年会館で、発起人会が開催された。『社会運動の状況（昭和2～4年）』には次のように記録されている。[3]

「予て解放運動犠牲者救援会に好意を有し、其の援助を為し来りたる雨雀事秋田徳三は……無産者病院の設立を企図し、密に旧労農党幹部及び救援事業に好意を有すると認めらるる医師、薬剤師、文士等の賛意を求めつつありしが、本年四月六日「無産者病院設立発起人会」を組織し、第一回会合を開催したるが其の状況次の如し」

出席者は秋田雨雀の他、文士の伊東三郎こと磯崎巌、弁護士の上村進、神道寛治、医学者の石田、小宮、救援会の太田慶太郎、大阪公衆病院長・岩井弼次などで、実行委員には

白色テロルを粉砕せよ！

〔三月十五日紀念事業〕労働者農民の病院を作れ！

労働者農民　無産市民　学生諸君!!

荒れ狂ふ××政治の下に於て、労働者農民小市民大衆は未曾有の劣悪なる生活を強ひられてゐる。失業賃銀労働強力のどん底に陥られた無産大衆に益に襲ひ来る傷病に対して、どうすることも出来ぬ苦痛を経験しなければならないではないか。塵埃に塗れた工場の過労から来る肺病患者として起る負傷不規則な生活を強ひられるための神経衰弱、不適當な栄養関係のための脚気等々近代資本主義、社会制度が我々に課した疾病は数へ上げるにいとまない。これ等の病気に対して我々の健康は只の一つでも保護されてゐるか？

断じて否だ！

ブルジョアと地主の支配する社会では「仁術」であるべき医術さへも完全に独占され労働者農民無産市民の前にはすべての病院は閉ざされてゐる。

我々は病気になつても金がないため、医師の診察を受けることさへ出来ず空しく病人を危篤に陥らしめねばならない。致命的な怪我をしても〔保証金〕が積めないために入院を拒絶される。薬代が嵩つてゐるからといつて、死に瀕してゐても往診を断られる「健康保険」で縛られてゐる上に、医者からは被保険者であるために粗悪な薬しか貰へない。

かくの如く我々の健康は誰からも保護されてゐない。我々の病気を治すためには我々自身の病院を持たねばならぬ。労働者農民の健康は労働者農民自身の組織が保護せねばならない。

かゝる意味に於て我が救援会は即時我々の診療所と病院を持たねばならぬ。救援会支持の若干の献身的な医師薬剤師看護婦等は健康を奪はれたる労働者農民のために、進んでその専門技術を提供する事になつた。そのためには家屋医療機械薬品の購入費として先づ第一に基金五千圓を募集する。

凡ての工場から農村から職場から学校から、一銭二銭の零細な基金を集めて送れ、大衆的支持によつて我等の病院を建設しやう。

労働者農民の病気を労働者農民の病院で治せ！

建設基金五千圓を工場農村から送れ！

労働者農民の病院設立萬歳！

一九二七年三月十五日

解放運動犠牲者救援会
病院設立基金募集委員会

器械購入費	二〇〇〇、〇〇	家具購入費	一一〇〇、〇〇
衣類購入費	二〇〇、〇〇	家賃費	一〇五〇、〇〇
往診用自転車三台	[illegible]	病室用ベッド五脚	[illegible]
薬品購入費	六〇〇、〇〇	その他	六五〇、〇〇

— 33 —

『戦旗』（戦旗社、1929年4月号、33頁）
署名の日付に1927年3月15日とあるのは、1929年の誤植である。

彼らに加えて馬島僴《ゆたか》が入った。

発起人会については、大栗清美の記憶によれば[4]、

「無産者病院を作ろうという声があっちこっち起こって、救援会の人々や伊東君とかいう人なんかがいろいろ奔走せられて、無産者病院設立発起人会というものを作ったわけです。それができたのは四月と思うのです。東京の本郷の一高前のキリスト教青年会館ですか、そこで最初の発起人会が開かれました。そうして救援会はもちろん、関東消費組合とか、京都の山本宣治のいとこにあたる安田徳太郎さんという方がありますが、そういう人々や大阪の岩井先生ですね、こんな人々も含めて、それに布施辰治さんのような弁護士であるとか、あるいは秋田雨雀さんのような人であるとか、牧野充安という弁護士がいたのですが、こういう人たちも参加して、昭和四年の四月ごろに最初の発起人会ができました」

その後数回の実行委員会が持たれたが資金調達が困難と予想されたため、とりあえずは病院ではなく診療所建設を計画し、品川近くの大崎町に家を借りて所轄警察署に開設願書を提出。その内容は官憲側によると次のとおり。

「経営者　牧野充安（弁護士、救援会主事）

医師　大栗清美（「三・一五事件」岡山で執行猶予中）
薬剤師　小川竜三
看護婦　高島あき（砂間一良内妻）
会計　小川三郎
事務員　米村　健（「三・一五事件」岡山で執行猶予中）」

しかし、届けは出したが資金集めはなかなか思うように進まなかった。そこで、次のような策を練って年末には開設の目途が立ったようである。

前出の大栗清美は回想する。

「基金募集に骨を折った人の中に東大におった小宮山新一という人がおるのですが……黒田というペンネームで、この人は非常に精力的に東大出身の先生方であるとか、その他の大学出身の進歩的な先生方であるとか、医者以外のいろいろな弁護士であるとか、あるいは文化人ですね、そういう人たちの間を回って、基金を集めたのです。

……大河内信敏という人がおるのです。これは当時小川三郎というペンネームで活動しておった。昔の大河内子爵の次男か三男で……その兄さんが文化運動を熱心にやっておったような関係で、無産者病院の設立運動なんかをやったらどうかというふうなことで、そういうことをやるようになりまして、この人も基金募集に回ったり、あるいは診療所を実際に作るとなると当座の金もいるのですが、基金募集だけではなかなか集まらないから、もらった色紙や短冊の展覧会をやりました。それは昭和四年の秋ごろと思うのです。銀座の八尺家という額縁店と、それから新宿の紀伊国屋書店の二回にわたって開いたのです。

『色紙短冊展覧会』――いろいろな画家とか、詩人とか、作家とかそういう人に揮毫して

その大河内信敏君に聞きましたところ、その時に揮毫した人の中には、画家では牧野虎雄、津田清風、安宅安五郎、杉浦翡翠、岡本一平、古賀春江、須山計というような人、その他に柳瀬正夢さんなんかも書いてくれたように思うのですが。作家では、菊池寛、徳田夢声、片岡鉄平、蔵原惟人、久保田万太郎、直木三十五、小島正人、佐々木孝丸。詩人では、秋田雨雀、北原白秋、高村光太郎、中野重治、室生犀星、生田春月、佐藤春夫、吉井勇、今井邦子、岡本かの子。こんないろいろな多彩な人々の色紙、短冊の展覧会をやって、……合計八〇〇〇円余り基金が集まりました。その他に伊東君から聞いたのですが、平野義太郎氏なんかも相当まとまった寄付をして下さったということです」

最初の無産者診療所（大崎無産者診療所）

一九三〇（昭和五）年一月二六日、省線（現・ＪＲ）五反田駅近くに日本初の無産者診療所として大崎無産者診療所が生まれた。当時の住所は東京府荏原郡大崎町下大崎二七九番地。近くの目黒川から工業用水を利用する工場が林立する地域である。

「品川に向かって走る国電が五反田駅にすべり込む直前の左側、ひろい通りに向かった商店の裏に、屋根いっぱいに大きく『大崎無産者診療所』の看板がみられた。診療所の建物は、目黒あたりの駒井某の所有であったが、大河内書記〔事務〕が医者に変装して、その家の真ん前の為広幹夫君、通称『為さん』という労働者が車夫に化けて……」（根・8）

当時は普通の往診風景であった人力車で家主を訪ね、演技に気づかれないで借りることができたとのことである。なかなかユーモアたっぷりの、大らかな時代である。この看板はプロレタリア美術家同盟の矢部友衛の弟子が描いたそうである。余談だが当時少年であった作家の山岸一章氏はこの看板の「無産」を見て、「子どものいない夫婦が行く病院」と思っていたとか。

さて、診療所の一階は三畳の玄関を待合室にし、六畳の洋間が診察室、三畳が食堂で、その土間が台所、さらに押入れを改造した調剤室があり、受付は廊下と押入れを利用して用いた。二階は六畳間二間の一室が看護婦室兼事務室、一室が医師室及び会議室である。何と狭い診療所であることか。

初代所長　大栗清美（夫人・大栗敏子）
看護婦　泉さきゑ（泉盈之進夫人）、高島あき
書記（事務長）　大河内信敏

所長の大栗清美は何度も出てくる運動の中心人物である。
まず、先の「労農の病院を作れ」のアピール文の起草者。徳島県那加郡大野村（現・阿南市長生町）の農家出身。五高、岡山医大へ。社研とエスペラント運動。エスペラント運動は、磯崎巌（ペンネーム伊東三郎）の指導が大きい。クロポトキンの『青年に訴う』に感動し、無産者医療の道へ。卒業直後に「三・一五」で検挙され、七か月間獄中に。二九年一月、伊東の紹介で上京、馬島僴《ゆたか》の労働者診療所に勤める（馬島の家に居候）。同僚の

泉盈之進が無産者診療所建設を熱心に勧める。そして「アピール」となる。

「大栗清美は生涯この二人から得た思想と友情を大切にした[5]」

＊

さて、女子医専を退学になって佐世保に帰った満するゑは、再び「家出」して上京。この大崎無産者診療所に入った。彼女の回想録では簡単な記述に止まっている。

「……五月の中旬ごろでしたか、大崎の無産者診療所に入りました。大栗清美さんが内科で橋爪廉三さんが外科で……久保田カズという上級生がおりました。彼女は女子医専のレントゲン科にいたのですが、学生が検挙された時に巻き添えをくって馘になったものですから、無産者診療所に来たのです。六月になって久保田さんは大栗さんと一緒に山梨に岳北無診ができる時に行きましたので、橋爪先生がそのあと所長になって、その頃にお手伝いをしたのです(若・196)」

満するゑはこの無産者診療所の存在意義を次のように、高らかに、そして誇りをもって述べている。

「戦前の組織的な無産者医療運動とは何か？　思想的には無産者解放思想（社会主義）

を根底とし、無産者解放運動の一翼として、医療を通じて日本の医療の社会化、医療制度の変革をめざし、労働者、農民、無産市民の生活と健康を守ろうとする運動であった。

一九三〇年（昭和五年）一月二六日……開設された大崎無産者診療所はこの運動の拠点として日本で最初に生まれた診療所であった。いろいろな形でこの運動に参加した人々は、階級闘争の一翼を担い、解放戦においては『赤色赤十字』としての役割を果たすものであるという意識を持って働いたのである」（根・8）

さて、本題へ。この大崎無産者診療所には、常駐職員以外にも多くの協力者がいた。

「この大崎無診には、定期的に来て応援する医師も大勢いた、安田徳太郎（内科）、滋賀秀俊（眼科）、本間博吉（順天堂病院）、上山良治（日赤外科）、菖蒲沢昇（日赤婦人科）、井口昌雄（同愛記念病院）、宮崎達（日赤内科）、野瀬義一などの諸氏であった。応援の医師たちはむろん無給で、夕方無診にやってきて、プレさんが調理した貧しい夕食をみんなといっしょに食べた」（根・9）

学生たちも大きな働きをした。

「医学生たちも大勢無診の活動に参加した。当時帝大の学生であった田口一良（ペンネーム黒田）が主となって、柳島のセツルメントで活動していた医学生たちが　いろいろ手伝った。……現在映画プロデューサーとして有名な松崎啓次も慶応医学部の学生当時、無診の初期に診療を手伝った一人であった。彼は紙芝居が好きで、チョーンチョンと紙芝居の『キ』の音が聞こえてくると、診療を放ったらかしてとび出して行ったという（同）」

彼らは診療以外にもストライキの応援や病院ストのビラまき、メーデーの救護給水、活動資金集めなどにも奔走した。若者のパワー全開というところだ。

診療所は大変な人気であった。

「大崎診療所は労働者、農民（少なかったが）、無産市民に支持されて発展した。患者は東京、京浜のほとんどから集まってきたと言える。……押すな押すなの患者が三畳の待合室にすしずめで、一日百人以上を診療した（根・11〜12）」

診療代はどれくらいだったのだろう。診察料はわからないが、「当時は一日一剤十銭、友の会会員は二割引きだった。健保のない患者も多かったので、治療費が払えない患者の回収不能の未収金がたまり……経営は困難であった（同）」

無料での診察もあった。いわゆる解放運動犠牲者である。

「大崎無診では、解放運動犠牲者救援会からの紹介患者は無料で診療した。三・一五、四・一六事件の裁判の進行中には、保釈出獄者に病人が多く、獄内外の被告の家族、スト

後列左（眼鏡の人）が為さん、こと為広さん
出所：『根っこは枯れず』

ライキで検束され、警察で痛めつけられた人びとなど……。長期の重症患者の往診や、地下にいて活動しているために診療所に来れない人たちのための診療には、前記の医師たちが協力した」（根・10）

地域住民で、診療所に誠意をもって尽くした人もいた。その一人は、先ほど出てきた「にわか人力車夫・為さん」である。

「大崎無診のすじ向かいにブリキ屋（？）さんがあった。そこの息子さんが……通称『為さん』こと為広幹雄である。（当時医者は往診に自家用人力車とおやとい車夫を持ってなければ幅がきかなかった。こんなのをブルジア（ママ）医者と呼んで憎んでいたが、家を借りるためには家主をたぶらかす必要があったのである）

為広幹雄は元評議会（全日本労働組合総評議会＝左翼労組）の運動や労農党の運動にも参加したことのある青年で、大崎無診の設立準備時代から、家屋その他の実質的な地味な仕事で最後まで診療所に協力した地域住民の一人であった。ほとんど家業をほったらかして、毎日診療所に顔を出し、営繕係り的な雑用を引き受け、借金とりを撃退し、未収金回収にまわり、『健康友の会』の仕事もひきうけ、診療所を守るために地域のボスや警察とわたりあい、大変なドモリだったので、どもりどもり看護婦たちともどなり合った。でっぷり肥って、デンとかまえた典型的な東京下町の庶民地帯の世話好きなおかみさんタイプのお母さんともども、一家をあげて診療所に協力した……」(根・10〜11)

煙突上へ往診

ここで一つ、変わった「応援診療」、往診について記しておこう。それは、スト応援のために工場の煙突に上って気勢を上げていた男が一〇日を超えても降りずに衰弱したため、無産者診療所の医師が登っていって治療したという出来事である。満すゑが大崎診療所に勤めはじめたばかりの頃のこと。一九三一年五月一三日付『読売新聞』記事より。

「死守する煙突男　絶命の危険迫って　カンフル注射す

四回に亘る下降の勧告を拒む　ハン・ストも悲壮な声援

地上、百三十尺の煙突上を死守して譲らず十二日午後六時までの二百七十二時間の驚異的滞空新記録を作って尚降りしきる雨の中に衰弱しきった身体を横たへて争議応援を敢行しつゝある浅草、日本染絨会社争議団の煙突男第三世千葉浩君（二二）は十二日朝以来降雨のため益々募る寒気に身体を痛めてか、遂に煙突上に附伏せとなり動かなくなったので憂慮した争議団本部では午前中、前後三回に亘って争議団の古関、大原両君が煙突上を訪れ千葉君に降りることを勧告したが蒼白な顔を横に振って、争議解決前は断じて此処を動

かぬと悲痛な意気を示して居るので牛乳や雨具を与へ着換をさせたが争議団では、当人の意志を絶対に尊重することに決し、午後四時、市外五反田、〔大崎〕無産者診療所の橋本医師を迎へて千葉君を診察することになり、四度目の煙突上訪問を行った。

診察の結果は心臓衰弱と右胸部腹部の疼痛のため殆ど意識不明となり脈拍は極度に細く緊張を欠いて発作的な悪寒戦慄に襲はれて居るので此儘放置すれば一両日の中に絶命する外なく極力一応下りる様にと再度の勧告を試みたが同君の決意固く断固とこれを拒否したので取り敢えずカンフル注射一本を打って、医師との会見を終へた。

此の報告に争議団本部では興奮した争議団員全部が集合して、煙突上の千葉君のために労働歌を高唱して感激的な声援を送る一方、これを伝へ聞いた会社内にある餓死同盟の争議団はこれも絶食二十一日目といふ記録の中に、疲労しきった眼を輝かせて、『闘士、千葉浩を殺すな』と絶叫しつゝ、空の男に声援、会社の内外は凄惨の気がみなぎってゐる」

このように、記者は心中、彼らに対する共感と激励の意を表している（「無産者診療所の橋本医師」は「橋爪医師」の誤りか?）。

これは、緊迫した労働争議のど真ん中で行われる医療行為である。日本を揺るがす大きな労働運動の一翼を無産者診療所が担っているということを、広く世に知らしめた意義は大きいだろう。ちょうどその頃大崎診療所に入った満するゑも、この出来事を知って自らの仕事の重みをひしと実感したであろう。

ただ、彼女はこの大崎での自らの体験についてはあまり書いていない。

「……大崎無診の活動に参加しました。医師の資格はありませんでしたが、准医師として東京中の大学、大病院から無診の夜間診療に参加していた先輩の医師たちに実地指導をうけながら、私は何とか役に立っていたのではないかと思います」(婦・272・46)

謙虚な表現ながら、多くの医療関係者のみならず、闘う労農・市民・知識人などとの交流が彼女を大きく成長させていったにちがいない。日本の無産者診療所の最初から最後まで活動した唯一の医師としてのスタートは、このようにして切られた。

千葉北部無産者診療所

大崎無産者診療所から亀有無産者診療所へ、そして一九三一（昭和六）年の冬、二三歳の満するゑは、そこから東方約五〇キロの千葉県印旛郡豊住村にある、千葉北部無産者診療所へ移った。

この北総台地は昔から豊かな農村地帯で、農民運動も盛んな地域である。農民組合の根本新治を中心に、この地に無産者診療所が出来たのが同年春で、週に一度の診察から常駐の医師付きになったのは秋のこと。その医師とは、情熱家で行動派の中島辰猪（一九〇四〜三二）である（詳しくは藤田廣登著『野葡萄の蔓』私家本を参照）。

しかし一一月、彼は突然の病に倒れ、その後任として、満するゑに白羽の矢が立ったのである。

この豊住村は利根川のすぐ南の平野と小山からなり、一〇〇を超える龍角寺古墳群のすぐ近く、人々が鋤を入れ鍬を振るった豊穣の地が連綿と続く土地であった。農民のパワーも旺盛で、

「ここの地域の農民は、農業形態の相違によるものか、青砥・亀有の農民とは少しちがっていた。萎縮していなかったのである（根・106）」

と満するゑが感嘆するほどのものであった。

さて、彼女の説明を聞こう。

「『全国農民組合全国会議派』の農民たちによって設立された『北部無産者診療所』は一九三一年八月、農家を一部改良し、医師、看護婦の住居部分を増設して開設された。農作業のためのひろい前庭を低いサクでかこった一すみに、思いきり長い竹ザオのてっぺんに赤旗をへんぽんとひるがえして、地域農民の意気を高らかに誇示しているかのようであった。『満州事変』とよばれる侵略戦争ボッ発の時期にもそれは降ろされなかった（根・104）」

実に萎縮していない。

ところで、その診療所のある印旛郡豊住村の大字・南羽鳥へはどうやって行くのか。まず、国鉄成田線で左に利根川、右にWの形をした印旛沼を見ながら目的の駅に着く。

「成田線の安喰《あぐい》駅で下車して間もなく山路にかかり、のぼり下りの坂道を時間にしてどのくらいだったたか、かなりの長丁場を歩いて一つの岡の上に出ると、赤旗がひるがえっているのが見えてくる（根・105）」

なんだか昔の合戦のような表現だ。鉄道といえば、当時この辺でも労働者の闘いがあった。東京・成田を結ぶ京成電鉄のストについて、『千葉県の歴史』は次のように記す。[6]

「昭和五（一九三〇）年七月には、京成電気軌道（京成電鉄の前身）の従業員が労働組合を結成しようとして、中心人物三人が解雇された。処分の撤回、組合加盟の自由などを要求してストライキにはいった。東京交通労働組合や全国農民組合、無産政党などの支援をうけて会社側を狼狽させたが、警察の介入で敗北した」

東京から車中の人となった満するゑは、前年にあったこのストのことも聞いていたであろう。そして働く者同志の連帯を感じたに違いない。

再びかつての農民運動に戻る。満するゑによる文章の続きは、ほんとうの〝戦場〟の描写である。

「地域の農民はその一帯を『ソビエト地区』と自称していて、いっさい駐在巡査の介入をゆるさぬという気がまえをみせていた。かつての小作争議の時には、要所要所にピケをはり、千葉でかきあつめられた警官の大部隊をいち早くキャッチして警官隊の侵入にそなえた。

子どもたちは伝令として走りまわり、石の武器をあつめた」（根・105）

ミケランジェロの巨大なダヴィデ像を小さくしたようなものか。
「農民たちは、自分たちの子弟をブルジョア学校には通わせないと同盟休校させて独自の寺子屋式学校をひらき、東京から大学生が来て教えた。ピオニールに組織された子どもたちは革命歌をおぼえ……」(同)
これは「流血の小作争議」の頃の話。満するゑの時は平穏な、とはいえ警察に監視されながらの医療活動である。

＊

彼女の思い出話には、診療所内より外での出来事、つまり往診に関わる話が多い。自転車に乗れない満するゑはいつも車中の人、というか車上の人である。

「(農民)組合の活動家がたのまれた往診を診療所に持ってきて、その人が、自分では自転車にはのれない女医を自転車の荷台にのせて、あちらの部落、こちらの部落と山坂こえてはこんでくれるのである。看護婦と二人でテクテク歩いていようものなら、駐在の巡査があとをつけまわして『ダレだ、ダレだ』ときいてうるさくてしかたがないので、護衛の意味もくわわって、青年たちが運搬をひきうけてくれるようになった。駐在がちょっとでも姿を見せると、かれらは一喝して追いはらう（根・106）」

民衆が警察官より〝上〟だ。また、ある日の運搬者は青年ではなくおじさんだった。

「カラリと晴れた冬日和だった。その日、三里もはなれた印旛沼のほとりの喉頭結核患者の往診につれてってくれたのは、獣医で農民組合の役員をしていた安喰町の川島豊というおじさんだった。利根川支流の土堤の上、人の足幅ほどに土が見えている小路を自転車の荷台にのせられ、寒風に吹きさらされながら、それでものんびりと土地の事情など説明してもらいながら自転車を走らせていた。と後方から『オーイ』と呼ぶ声がきこえる。うしろをふりかえった獣医さんは『駐在だっ』と叫ぶなり全速力でとばしはじめた。巡査をこわがるようなおっさんといっしょでは（何も悪いことをしているわけでもないのに）もしつかまったときことめんどうだと思われたので、時々後をふりかえっては『近くなったわよ、ソレッ』とハッパをかけながらふりおとされないようにつかまっていた。ちょっとハンドルをあやまれば自転車もろとも川の中にドンブリコか、土堤から道路に転げ落ちるのである。

あぶないと思ったのか、獣医さんは土堤の上から街道まで『ワーイ』といってる間にさか落としにかけおりて、前よりもスピードを出して道路を走らせた。ふり返るとはるかう

しろになった駐在巡査はあきらめたのか、自転車を降りて立ちどまっている姿が、土堤の上で青空を背景にクッキリとシルエットになって見える。もうだいじょうぶだというので大笑いに笑いながら往診先についた」(根・109〜110)

次は深刻だ。

「患者さんは関口という人で、三・一五事件の犠牲者だったと思う。もう幾年もねたっきり、かなり大きな母屋の裏に小屋を建てて、開放・安静療法で筆談で用をたし、必死で再起を念じて療養していた。付近の農民が尊敬していることは、人々の話しぶりにもよく出ていた。この人はついに再起できず、幾年かあとに死んだときいた」(根・110)

「必死で再起を念じて」いた病める闘士、このような若者が何百といた。満するゐたちは彼らの無念の死を間近に見、一人一人の燃え尽きる命から託された願いを、歯をくいしばって受け取ったのであろう。患者だけでない。医師の中島辰猪も、若き命を燃え切ったのだ。

＊

満するはその後、亀有無産者診療所に戻ることになった。それは正式の医師の免状を持たない彼女が原因で、診療所がつぶされるかもしれないという心配があったためである。あるいは満する自身が捕まる危険もあったのだろう。

その一九三二年中、千葉北部無診では満するの代わりの女医も長続きせず、看護婦も検挙され、診療所を支える医療同盟の責任者・根本新治も検挙・投獄され、翌年には全く閉鎖されてしまった。

この千葉北部無産者診療所時代の数か月間で、大きな事件ではないが、満するが忘れることができず、詳しく書き残した出来事がある。これを、「自伝・幾山河越え去りて」よりもさらに詳しく民医連発行の「根っこは枯れず」に書いて載せたのは、よほどの内的体験であったのであろう。小見出しの題は「はだしの出張診療」。

「北部無診は……平賀寅松の家に出張診療所をもうけていた。午前の診療を終わって午後から出かける。行きは青年部の連中が小山〔金高〕と笹井を自転車にのせて駅まではこんでくれた。一駅ぐらい汽車にのるのである。……

出張診療所の仕事をすませて帰るころにはドシャ降りの雨になっていた。日もくれて真っ暗な道を、先導する笹井の懐中電燈のあかりをたよりに歩くのだが、粘土質のぬかるみで、すべってころんで思うように歩けない。

二人ともはだしになって道を急ぐのだが、なんとしても金高がおくれがちになる。いまいましそうに笹井は時々ひき返して足もとを照らしてくれるのだが、金高が何度目かにころんで四つんばいになってしばらく起き上がれなかった時、『チェッ』というシタ打ちをのこして、笹井はとぼしい懐中電燈とともに闇の中に消えさってしまった。笹井にしてみれば、ズブぬれで寒いし、お腹はすくし、ぐずのお嬢さん医者のめんどうはみきれないというところだったろうけれど、知らない道だし、心細かったですね。右側はヤブにはなってるけれど、何十尺という断崖絶壁だし、左はすこし高めの畑で、土壌には雑草がおい茂っている。

二人とならんで通れない細い道を、真っ暗闇の中を手さぐり足さぐり、どんなにくいしばってもカチカチ鳴る歯をもてあましながら、すねを没するどろんこのなかを、何時間もかかったような気がするほどノロノロと歩かなければならなかった。この時の笹井の小意地の悪さは、今にいたるも気のつよい看護婦をこわがる金高のストレスになっている。帰りがあまりに遅いので、小藤田が心配して途中までチョウチンを持ってむかえに出ていた。

小藤田は、『小山〔金高〕をこごえ死にさせるところだったではないか』とオーバーな言い方をして笹井をコップどくしかりつけ、お湯をわかしてあたためてくれ、着ているもの全部を洗濯してくれた。小藤田になぐさめられてはじめてポロポロ涙が出てきて、しまいにはむせび泣きになった」(根・107～108)

こんな複雑な泣き方は、忘れようにも忘れられないはずだ。これらのことを分析して付け加える。

「笹井は山地の農家育ちだが、金高は都会の大工場労働者の家庭出身で、あぶないし病気になるというので、はだしになるのをきびしく禁じられて育った。それに何カ月もその土地に住んで通いなれた路と、来たばかりで不案内だという、それだけのちがいではないかとくやしかったのである。(工場労働者は絶対にはだしで作業はしないものである。)笹井と金高とはほぼ同年輩で、金高の方は笹井に対して同志意識を持っているのだが、当時の無診の一部看護婦の気負った労働者意識でもって、医者に対して『インテリ』という観念で、心の底に反発を感じていたという事情が、笹井にこういう態度をとらせたと思えるのである」(根・109)

こんなに感情のもつれた、苦しくやりきれない叙述はここだけであろう。

満すゑは最初、情熱の青年医師・中島辰猪の後任として千葉北部に入った。交替、といってもリレーのバトンタッチのようにはいかなかったはずだ。実は彼は、千葉医大を一九三〇年三月に卒業後、しばらくして青砥無産者診療所に常勤医として入った。これが発展的解消して亀有無産者診療所になったため、翌年からここの所長として勤めていた。そしてまた千葉北部へ移ったので、亀有には大崎から満すゑらが入ったというわけだ。

ややこしくなったが、ともかく中島辰猪と満すゑは、たびたび会って仕事の引継ぎの話などをし、お互いをよく知っていたはずである。だから辰猪の、突然の無念の死に際して、十分な供養がしたかったであろう。しかし、警察の監視下にあった彼女は、葬儀に参加することも危険であった。

「筆者〔満すゑ〕は地下にいたので、警官隊にとりかこまれた中島の葬式には出席できなかったが、その年の夏、赤木の案内でひそかに中島の墓まいりをした」（根・92）

葬儀が亀有無産者診療所内で行われた後、辰猪を敬愛していた農民組合長の上原倉蔵が、青砥の法問寺境内の上原家墓地に合葬していた。

＊

「馬鹿でかい白木の墓標！　そばを通る人に《中島辰猪　ここに眠る》とはっきり知らせている墓標。農民の権力に対するデモンストレーションが痛いほど感じとれる墓標だった」（同）

彼女はここで筆を置かない。無産者医療運動の記念碑的存在である辰猪の記述はまだまだ続く。

「弾圧につぐ弾圧で、むかしの医療関係者で訪れる者もいなくなった一九三五年、地元の人々、老人たちが三年忌の法要をいとなんだ後二十五年、追悼会は絶えていた。しかし、けっして忘れられていたわけではなかった。法問寺に墓地を持つむかしの農民組合の人々、無産者診療所ゆかりの人々は、自分の家の墓に参るときには必ず中島医師の墓（上原家の家族と同じ小さな石の墓がたてられている。）に花をささげ、線香をたいてその冥福を祈っていたのである」（同92～93）

そして、一九六〇年に法要が営まれ、六五年には辰猪本人の墓が法問寺内に独立して建てられた。

新興医師連盟

医療を労農無産大衆のために、という革新的立場の医師と医学生の団体である、新興医師連盟の全国大会。その様子を、満すゑは次のように記す。[7]

「一九三二年一月か二月のある雪の日、村山知義のアトリエを借りて『新興医師連盟』の第一回全国大会が開かれた。医科の学校ではもう卒業試験がはじまっていた。当時全国の大学高専の諸組織をおそった弾圧の嵐も吹き荒れていた。医師は東京、大阪をのぞいては、全国から多数参加したというほどではなかったが、学生は、北海道をのぞいて、北は弘前医専、南は九州帝大（長崎、鹿児島からもきていたように思うがはっきりしない）と、ほとんど全国の医学生代表が集まった。つぎつぎと検挙されてゆく学友をのこし、自身も検挙をのがれて蒼白くヤセおとろえて潜行してきた学生もいた。北海道から一人もこなかったのは、そのときすでに主だったほとんどの医学生が検挙されていたからである。

会場が村山知義のアトリエだったというのに、奇異の感を持たれようが、村山のもう亡くなった寿子夫人は童話作家だったが、無診や無産者託児所の設立やその発展に大変尽力した人である。この非合法で人が大ぜい集まる危険な会場にアトリエを提供し、自身ピケの役目をはたした（根・40〜41）」

村山知義はプロレタリア演劇同盟のメンバーで、プロレタリア文化全般にわたってリーダー役を演じた多才な青年である。演劇のほか、小林多喜二らのプロレタリア作家同盟、大月源二らのプロレタリア美術同盟、その他音楽、写真、エスペラント、新興教育、科学など一〇以上の分野が集まってプロレタリア文化連盟（略称・コップ）が結成されるのもこの頃である。落合にある彼のアトリエはこのように様々な分野の会合や催しに活用された。

この村山知義のアトリエは、当時はとてもモダンな建物であった。本人の文章を、少々長くなるが引用する。無産者医療関係者だけでなく大勢の、新しい時代を作ろうという若者たちの「城」を、ページを割いて現出するのは意義のあることだろう(8)。

「ここで、高見（順）の小説にある『奇怪なアトリエ』について書いて置こう。これは……マヴォの運動から文芸戦線、トランク劇場、前衛座、前衛劇場、日本プロレタリア文芸連盟、労農芸術家連盟、前衛芸術家同盟、日本プロレタリア劇場同盟の時期を通じて……ともかく大勢がはいれる場所だったし、東中野、上落合、下落合、長崎という一帯の土地はそういう運動に関係した人たちがいっぱい住んでいる所だったりするので、稽古場や会合の場所に引っ切りなしに使われて、『三角の家』といえば有名な家だった。その頃の左翼の文化・芸術の活動家でこの家に出入りしなかった者は一人もないだろう。……

……建坪十七坪で、中二階を入れて部屋数八つ、……

アトリエは図の左上の突端が一番高くて、地上二十五尺ある。変わっている所は大きな絵の出し入れをするために高さ九尺のドアが庭に向かってついていることと、部屋の中に、三本の、内部が戸棚になっている飾り柱があり、それが外部と同じ下見張りで防腐剤が塗ってあるので、家の外と内の区別がちょっとつけにくくなるのであった。天井はなく、同じく防腐剤塗の屋根裏を見せ、壁の三面に一杯につくりつけの本棚があり、白漆喰塗りの壁には私の作品がいっぱいにブラ下げてある。上の方の物を取るための大きな真赤な脚立と、大きなイーゼルと、手洗い鉢と、ベッドと、机と、長椅子。この長椅子が古道具屋から買って来たもので、バネがすっかりいかれていているので、『どうぞ』といわれて掛けた客が、みんなストンとお尻が落ちて、足がピョンと跳ねあがるので『びっくりソファ』といわれていた。……

アトリエ兼寝室なので、部屋の東北の端に大工に造って貰ったベッドが置いてある。これに、カーテンと同じ粗製の麻布のベッド・カヴァがかかっていて、椅子の足りない客はみんなこの上に座った。小林多喜二も蔵原惟人も中野重治も鹿地亘も立野信之も佐々木孝丸も、みんな『びっくりソファ』やベッドのズックのカヴァの上に何度も座ったはずである」

満するゑたち新興医師連盟の人たちも椅子でひっくり返り、ザラザラのベッドに座って議論したのであろう。

＊

肝心の「新興医師連盟」の説明に入ろう。

この連盟には、満するゑの女子医専から二〇名ほどが入っていたという。しかし当時は公然たる活動はできず〝秘密の〟組織であった。

「学校内の団体はほとんどが秘密組織であった。だから指導部署にいる者は例外として、グループ以外の人間はおたがいに知らないというのが原則である。『新興医師連盟』といえども、個々のメンバーが大っぴらに名のれるものではなかった。だから学内だけでも集会をひらくなど思いもよらない……（根・39）」

実はその全国大会の準備の段階から、満するゑは参加していた。

「一度組織とつながりますといろんな組織が連絡をつけてきます。新興医師連盟から代表を出してくれといってきたのが昭和五年の秋だったでしょうか。新興医師連盟の学生部の会合や、綱領・規約草案を練る会合など、女子医専代表として卒業試験中もずっと出席していました」(若・191)

卒業試験中も会議に出るとは使命感が強いというか、学業に余裕があったのか……。場所は大崎無産者診療所の夜の診察が終わった後の診察室や帝大柳島セツルメントであった。学生部の会合には医者から大栗清美、井口昌雄ら、事務からは松尾が参加した。

さて、全国大会の記録は残されていないが、

「『新興医師連盟』の第一回全国大会では、各地の代表が、生活と健康が破壊されている実情や、医療従事者のたたかい、その組織状況などを報告(根・41)」。

「綱領の草案では階級的立場に立って医学と医療について十分討議し、医学知識の大衆化、医療の社会化を打ち出し、日本の医学教育についても、現在の言葉でいえば、社会と人間を忘れた教育に反対する態度を明確にし、将来の夢についても語られた記憶がある」(同)。

記録は何も残っていないが、

「今日残っているのはただ一つ、『新興医師連盟』の名で出版された『無産者衛生必携』という本だけである（根・38）」

これについては別稿にゆずる。

『無産者衛生必携』

新興医師連盟は、民衆が自らの命と健康を守るために必要な知識を身につけるためとして、表記の啓蒙書を発行した。その「序」では、この書の基本的立場を次のように述べる。[9]

「我々は之を凡ての無産者、勤労大衆、医家、医学生諸君に贈る。医学が進歩して、病気の治療法はよくなって行くが、医療は金の余裕ある連中のみに多く利用されて、無産者がその便宜を受けることは甚だ少ない。医療は全民衆が享くべきものである。我々は是非そうしなければならない。だがそれは社会機構の問題と密接な関係がある。之の解決が最も重要であることはいうまでもない。

さて、我々は日常生活の如何なる分野でも病み傷つく機会が甚だ多い。そんな場合に、病気の説明、手当の見透しについて、此の本は或る程度の貢献をなすものと思う。……知っておくべき必要のあることについて平易に真相をのべ、医師に相談すべき指針と、妥当なる応急手当法を記した。注意すべきは医師に相談すべき機を失わない様にすることである。

……我々は医師としての立場から、広く医学の批判、医療制度の検討、医学知識の普及に努むるものである。我々の試みに関心を持たるゝ読者諸氏は、工場農村その他あらゆる職場の実際経験の立場より、或いは専門医家、医学生の立場より充分なる批判と教示を寄せられんことを希望する次第である。

一九三二・二・一〇　新興医師連盟」

目次は一、内科、二、小児科……と続くが、「一二、職業病」、「一三、迷信、呪、素人療法、売薬の話」、「一四、病院、診療所に関して」の三つが特徴的である。

満するは「二、小児科」の部分を執筆した。執筆者については後に「根っこは枯れず」に次のように記している。

「内科を書いたのは同愛記念病院内科にいた井口昌雄で、井口はその他、迷信……を書いている。……これらが存在する根拠が貧困と無知であり、無産者が団結して、経済的政治的状態の矛盾をなくすためにたたかう以外に、そこから抜けだす道がないことがのべられてある。内科のうち結核を安田徳太郎、伝染病は……大里が分担していた」(根・45)

※補足すると外科を上山良治、婦人科・産科・産児制限を本郷ふじえ、性病・皮膚科を本間博吉、眼科を近藤忠雄、耳鼻咽喉科を中島辰猪、歯科を泉盈之進、職業病を滋賀秀俊が書いた。原本には無記

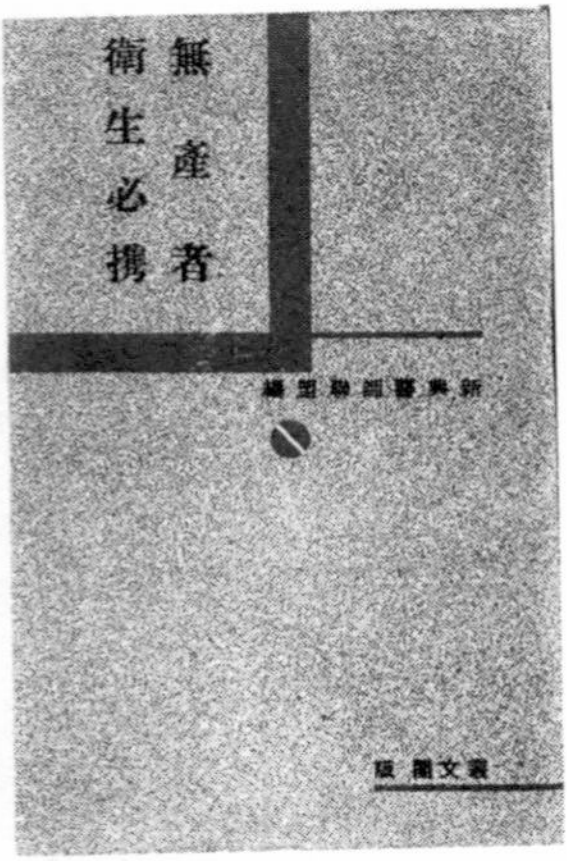

『無産者衛生必携』（新興医師聯盟編『無産者衛生必携』叢文閣、1932 年）
定価は 80 銭。

名。

「小児科は、当時大崎無診に勤務していた東京女子医専出身の鈴木貞子ということになっているが、実際は筆者〔＝満すゑ〕が書いた。一九三一年三月、卒業式直前検挙されたので卒業免状がもらえず、医師の資格がとれないのと、警察に追われている状態で、『小山』というペンネームで一九三一年五月大崎無診に勤務し、秋、亀有無診に転じ、その間、病気になった故中島辰猪のかわりに千葉の無診に応援に行き、と無経験だった筆者は重い責任を負わされて、必死になって奮闘していた。まだ二十二、三才のころ書いたものである。

三十数年を経た今日読んでみて……俗語も使って、話し言葉でわかりやすく、と心がけた意図は不十分だがよみとれる。キビキビした文章で書いてある（根・45～46）」

最後の項目は「無産者診療所——日本無産者医療同盟」で、準備会のものも含めて一〇か所の診療所を紹介し、無産者が一致団結して自分たちの診療所を作り運営すべきことを説き、さらに労働運動、農民運動とも連携した「たたかう組織」だと強調している。

そして、「全労働者農民学生無産市民は日本無産者医療同盟に入れ！」で終わっている。

無産者医療同盟

大崎無産者診療所が開設され、各地に新しい診療所が生まれている頃、全国の元締めとしての機関、全国を統一的に指導する中心組織が必要になった。名付けて「無産者医療同盟」。

その中身について、満すゑは次のように説明する。

「戦前の『日本無産者医療同盟』は今日の『全日本民主医療機関連合会』のたんなる戦前版ではない。全国民医連と全生連（生活と健康を守る会の全国組織）との結合したような性格を持ち、労働者階級の立場を堅持した、戦闘的な組織であったと言えば一番わかりやすいのではなかろうか（根・71）」

ただの医療機関ではなく医療と生活と政治が結合したもの、新しい医療制度の実験場というものだろう。

「一九三一年ごろの世界的な資本主義の危機、プロレタリア階級の革命的昂揚の時期に、プロレタリア解放をめざすあらゆる組織が、大衆を基礎とした全日本的な統一組織にし、あるいは国際的な結びつきを強めようとしてたたかっていた。医療同盟もその中の一つとして、……労働者・農民・無産市民が『自分たちの健康は自分たちで守る』という立場で、ひろい範囲の大衆が結集し、協力して、自分たちの診療所を作り、管理し、経営してゆくという方向をめざし、ブルジョア医療制度に反対してたたかう組織たらしめようと意図して組織されたものである(同)」

その同盟創立大会は、一九三一(昭和六)年一〇月二五日、上野公園内の自治会館で開かれた。

上野公園は一九二三年の関東大震災の時の避難地の一つとなり、その翌々年、満すゑが従姉と一緒に「親はいるか?　病人はいないか?」と避難民を慰めた場所であり、ここにある自治会館は、被災時には近くの焼けた下谷区役所の仮庁舎となった建物である。

あれから数年、各地の無産者診療所関係者が三〇名、それに傍聴者二〇名が集まった。前者の内訳は大崎無産者診療所九名、亀有八名、大阪四名、山梨四名、江東二名、千葉二名、横浜一名である。

当時はこのような集会には官憲が臨席するのが常であった。前記の増岡によると、「大会がはじまるまえに議案全部が官憲にとりあげられ、『不穏個所』には墨がぬられた。

そのため大会はひまどり午前十一時開会の予定が午後一時三十分にのびるということがあった。その一番多く墨をぬられたところは行動綱領で、これはそのためついに審議することができなかった」

大会の本題の前に、前座というかアトラクションがあった。これについては、満すゑがよく覚えている。

「会場では、プロレタリア作家同盟、美術家同盟、音楽家同盟、関東消費組合連盟などの友誼団体の祝辞があった。詩人は詩を読み、画家は黒板に張りつけた紙いっぱいに漫画を描いて祝辞とし、拍手かっさいを受けた……

カスリの着物を着た小林多喜二、中條（宮本）百合子、秋田雨雀、弁護士の布施辰治など、来賓として来ていたと記憶している人がいる……」（根・73）

彼女は「久留米ガスリの着物」とか「ベレー帽」とか「よごれたコール天のズボン」などを思い出し、

「医療同盟の性質上、診療所従業員のなかからだけでなく、診療所の運営に参加している地域の労働者や農民も中央委員に選出され、……ということだけは記憶している」（同）

＊

さて、司会は橋爪廉三、議長は大栗清美で討議が行われ、運動方針の「機関紙」、「診療所経営方針」、「救援診療」、「移動診療」などについて可決された。

しかし、大会の詳しい中身については宣言や方針、綱領などの資料が残っていないので、官憲側の記録（前同『社会運動の状況』）によれば、

「（日本無産者医療同盟は）『単なる治療運動に止まらず大衆自身の組織による階級的医療政策の実行に務めざるべからず』と称し、……その創立宣言に『医療に関する大衆の経済的利益ならびに健康、疾病に資する科学的方法による利益の徹底的擁護のためには単なる医療運動に止まらず階級闘争の一翼をなす補助組織たらしむるを要す』と謂えるごとく、その目的ならびに本質はまったく日本労農救援会と同一にして、革命運動における赤十字隊の組織たらんとするにあるものなり」

と、彼ら流にまとめている。

※ここの「日本労農救援会」はドイツに本部のある国際労働者救援会の日本支部で、人民解放運動を担う広範な組織であり、日本では一九三一年に結成された連合組織。医療同盟はこれに一九三二年末

に加盟。

そして中央委員会の委員が各支部から選ばれ（東京・橋爪ほか、千葉・中島辰猪ほか、大阪・岩井弼次ほか……）、大栗清美が委員長に。

この医療同盟は各診療所で働く医師・看護師・事務員などの任免、配置その他の運営を行い、一年足らずのうちに医療同盟員は全国で約二〇〇〇人へと発展した（ちなみに最高は新潟が四五〇名、以下東京三〇〇、大阪一八〇、山梨一五九、千葉一二〇、長野三〇、仙台三〇、愛知二五名）。

医療同盟の本部は、初めは東京市街南部の大崎診療所に置かれたが、後にずっと北の神田明神近くに移転。各診療所では治安維持法による弾圧が絶えず、この同盟本部も一九三三年の夏、官憲に襲われた。増岡の本では、

「昭和八年（一九三三年）八月十九日。大栗清美は労農救援会の指導者であった蔵元虎一、錦光山雄二、山田義春らとともに検挙された。名目は治安維持法違反容疑であった。

大栗は拷問をうけた。

正座した太腿の上に丸太をわたし、二人の刑事がその両端をふんづけた。また激しい打撃をうけて歯を折った。

しかも今度は一年三カ月も拘置された。豊多摩刑務所に入れられた。無産者医療同盟をつぶし、全国に起きつつあった無産者診療所をたたこうとするはっきりした意図がそこにあった」

その後の診療所「死守」の努力も空しく、秋、大崎診療所の残り全員が検挙され、大崎の歴史は終わった。

社会の様子

一九三〇（昭和五）年。前年アメリカからはじまった世界恐慌は、わが国でも深刻な経済危機をもたらした。『日本労働年鑑』は、昭和五年度を概観してこう表現する。[10]

「昭和五年の日本は遂に全く世界恐慌の渦中に捲き込まれた。恐慌は実に未曽有の深刻さを示した。近年になき物価の崩落、生産の減退、外国貿易の萎縮、滞貨の山積が、その深度を一般的に表示している。……押し寄する恐慌の津波を切り抜くべく産業界がとった方策は、第一に合理化を標榜する容赦なき賃下げ・馘首であり……。恐慌の全負担は、かくして、ことごとく労働者階級と農民層の上に振り向けられたのである」

世界恐慌下、東京東部・江東の工業地域は、工場の首切りとそれに対する労働者の闘いが頻繁に起き、満するゑたち医療関係者もプロレタリア文化の若き芸術家も、その他ほとんどの大衆が、階級闘争の渦の中にいるか、あるいはそれに共感して何らかの支援を行った。

いわゆる労働争議の中で特に大きな、東洋モスリンの労働争議を見てみよう（モスリンとは毛織物のこと)。

前同『社会運動の状況』では、「東洋モスリン亀戸工場労働争議」を次のように概説している。

「従業員　二、四八二名(内女二、〇六二名)
争議参加者　同員」

ということは、全員がこのストライキに参加したということだ。原因は首切り。

九月、「会社は依然経営思わしからず、遂に局面打開策として綿紡部(職工五百名)並びに営繕部(同六十名)を廃止する外、不良職工解雇などの大整理を断行することに決し」、組合側はそれに対し、「『工場閉鎖馘首絶対反対』の態度に決し、……二十五日より遂に罷業を敢行するに至れり」。

「争議発生並びに解決月日　九月二十五日――十一月二十一日」と、ほぼ二か月ものストライキであった。

『物語日本労働運動史(上)』には、その模様が感動的に描き出されている。(11)

「こうして、九月二十六日午後二時の交代時には、全四工場二千五百人がストに突入しました。女子労働者たちの圧力でストが開始されたわけです。

貧農出身の彼女らの父兄は、深まる農業恐慌のなかで、葬式の十銭の香典が包めず、紙で『十銭』と書いて後払いを予約するありさまでした。もし帰れば身売りなどの転落が待っているばかりですから、帰るに帰れず、まったく必死でした」

会社側は暴力団も雇った。酒井某率いる大日本正義団（関東・関西・九州だけでも二七万人！）から黒シャツの約二〇〇人が投入され、何と「飛行機を買い入れて飛行士を養成し、正義団の宣伝デモに空から参加させて、人びとをおどろかせた」という。

当然、トラブル、暴力沙汰も発生した。街頭でのデモは今でこそ何でもない光景だが、ストライキ中のそれは、逮捕を覚悟の、さらには負傷まで予感しながらの、文字通り決死の行為であった。「肉弾……」という言葉は戦場だけでなく、この亀戸の街でも登場したのである。

『物語』をもう少し続けよう。

「争議開始日の翌九月二十七日早朝、会社側は大日本正義団二百余名を事務所内に入れました。しかし、これに屈せず、洋モス労働者の闘志は、いやがうえにも燃え上がりました。八時ごろになると、白はちまき、赤ダスキに身をかためた姉妹たちが、固く腕を組んで四列縦隊で、労働歌・メーデー歌を歌いながら、全工場をねりあるきました。

……数百名の警官隊がこれに静止を命じ、襲いかかり……午後六時ごろ……デモで工場外にくりだし、工場前の千葉街道で武装した千数百の警官隊と衝突しました。住民たちは、争議団に同情し、警官隊に投石したため、多数のものが検挙されました」

「『デモに明け、デモに暮れる』情景が、亀戸の町では、くる日もくる日も続きました」

この中の最大の衝突はストライキの応援団（「友誼団体」と表現）や地域の民衆が混じって「騒擾罪」が適用されるまでの大騒動となった。

当時の『時事新聞』一〇月二五日付の記事は、「市街戦のような亀戸町　争議団員と警官隊大衝突　昨夜東洋モス職工の示威から　投石して町内は消灯、店を閉づ」の見出しで、次の通り。

「持久戦に入って両者睨み合いの形であった東洋モス争議は二十四日に至って争議団側が突如攻勢に移り全市の友誼団体と共に一大示威を敢行し午後七時半遂に五百余名の警官隊と衝突し亀戸町は遂に乱闘、投石、交通遮断、検束、消燈、閉店の巷と化し、さながら市街戦のような光景を呈した」

さらに詳しく記述が続き、双方の負傷者七五名、検束者一五〇余名とある。官憲側では「騒擾現行犯として百九十三名を検挙し……後に十五名を検挙せり」。

＊

前記の「煙突上への往診」もその一つであるが、満するゐたち無産者医療に携わる人々は、このような労働者の闘いにも当然関わった。

はじめてのメーデー参加

一九三二年五月一日、メーデー。

欧米で一八九〇年にはじまったメーデーは、わが国では一九二〇年が最初で、この年は第一二回目であった。この頃のメーデーは、階級闘争の一場面という激しい様相を呈していた。満するゑは「根っこは枯れず」で、「一九三二年のメーデー」という見出しで、熱のこもった説明をしている。

「メーデーは、国際プロレタリアートの階級的連帯性にもとづく国際的示威運動であり、ブルジョア国家権力にたいする共同闘争であり、革命の軍勢の閲兵であり、さらに階級戦の宣戦布告である、と少々勇ましいが、その成り立ちの歴史からいえば、本来そうなのである」(根・64)

「中間層まで革命化せざるをえなかった当時の日本の情勢によって」、「まさに革命前夜を思わせるような情勢のなかで」、「世界的に深刻な資本主義の危機のまっただ中で、ソ同盟を先頭とする国際プロレタリアートに対する国際帝国主義の死物ぐるいの攻撃に対し、国際プロレタリアートの逆襲の激化という情勢のなかで、国際プロレタリアートの共同闘争の一環としてたたかわれなければならないはずのものであった」(根・64〜65)

さて、上京後の満するゑは、この一九三一年のメーデーに参加することになるが、実は二年前に一度メーデーを「見に」出かけたことがあった。

「学生のころ私も、芝公園で開かれたメーデーの集会に制服を着たまま同級生や下級生たちと見に行ったことがありますが『お前たちの来るところではない』と巡査に追い帰されました。会場に入れなかったので仕方なく、徳川家の墓地のある高台に登って集会を見ようとしましたが見えず、当時はマイクなくもメガホンで演説するので何も聞こえません。ただ拍手やワアワア言ってる声だけが聞こえ、くやしがって帰ってきたのを覚えています」(婦・273・44〜45)

そして、はじめて参加するメーデー！　彼女の感動が伝わってくる。会場は芝浦埋立地である。

「『あの時のくやしさを晴らさでおくものか』というわけで、この日は一番地味な着物と帯をしめ、大崎あたりの電線工場の女工さんの隊列にもぐりこませてもらってデモに参加しました。総同盟加盟の労働組合でした」(婦・273・45)

満するゑの知っている人たち、医療関係者も大勢参加した。

「一九三一年のメーデーには、無産者医療運動に参加していた人たちの中でも、はじめてという人がかなりいました。医師や看護婦、書記（事務）たちが、給水班や救護班を組織して沿道にたむろしていましたが、医学生や看護婦の中には、デモの隊列に加わった人たちもいました(同)」

デモの様子がかなり詳しく語られる。長くなるが、当時の様子が見えるような、聞こえるような描写であるので続けよう。

「この女工さんたちは、私と一緒に腕を組み合わせてくれましたが、得体の知れない人間なので、警戒してものも言いません。私の方も、すぐ誰とでも気安く話しかけたりする性質ではなかったので、なんとなく気まずい思いで歩いていました。しかも、各組ごとの先頭には、制服の巡査が二人ずつ付いて歩いています。なんとそれが、私が留置場にぶちこまれた時の早稲田署の特高刑事ではありませんか。シマッタ！　と思いましたが後の祭りで、逃げ出すわけにもいきません。しかも彼らは時々うしろを振り返ってはニタリニタリと笑うのです(同)」

警察官が先頭に立つデモ！　それでも、民衆同志の高まる交歓、激励、助け合いも、それに負けない。

「そのうちに、歩道にたむろしていた無産者診療所の医師や看護婦たちが、隊列の中の私を見つけ、盛んに手を振り声援してくれました。そのことで女工さんたちの気持ちがほぐれたのか、話しかけたり、一緒に歌ったりしながら行進し、なんとなく私をかばってくれるような態度に変わっていきました。

プロレタリア映画同盟の人たちが、電車の窓から私たちを撮影しながら通りすぎていきます（同）」

終点の上野公園では、「目ぼしをつけた労働者を検束する」ために、

「寛永寺に登っていく狭い坂道に巡査がずらりと並び、手ぐすねひいて待っていました。そこでは行進が滞っています。

私は女性ばかりの中にいたのでは危ない！　と思って、前方にいる男ばかりの集団で気勢をあげている人たちの中へ『いれて！』と、とびこんでゆきました。とっさに何かをさとったのでしょう。この労働者たちは私を集団の真ん中に取り込んでくれて、一緒に腕を組み、巡査たちを尻目にワッショイワッショイと坂をかけ上がってくれました。何しろ、小粒で十六～七歳ぐらいにしか見えない、可愛いい女の子でしたから。本当は二十二歳で

した」と、当時の満するゑの、必死の様子が目に浮かぶ。(同)

（1）社会問題資料研究会編『治安維持法に関する議事速記録並委員会議録　第56回帝国議会　下』東洋文化社、一九七五年
（2）「帝国議会会議録システム」で「山本宣治」をネット検索（荻野富士夫氏のご教示による）
（3）内務省警保局編『社会運動の状況（昭和2〜4年）』三一書房、一九七一年
（4）医学史研究会・川上武編『医療社会化の道標——25人の証言』勁草書房、一九六九年
（5）増岡敏和『民主医療の先駆者たち』全日本民医連出版部、一九七四年、『同（増補改訂）』一九七九年
（6）小笠原長和・川村優『千葉県の歴史』山川出版社、一九七一年
（7）『社会運動通信』四七六号（一九三一・五・一七）や参加者杉山茂の回想や『思想月報』2号（昭和九年八月）では四月上旬となっている。さらに『思想月報』には出席者は安田徳太郎、大栗清美、中島辰猪らの医師の他、学生として「佐治満するゑ（東京女医専）」も載っている（柏木功氏のご教示による）。
（8）村山知義『演劇的自叙伝2』東邦出版社、一九七一年
（9）新興医師聯盟編『無産者衛生必携』叢文閣、一九三二年
（10）大原社会問題研究所編『日本労働年鑑』同人社、一九三〇年
（11）犬丸義一・中村新太郎『物語日本労働運動史（上）』新日本出版社、一九七四年

第四章　獄につながれて

昭和7年(1932年)、早稲田、四谷、新井、中野各46×58cm、0.80に縮小

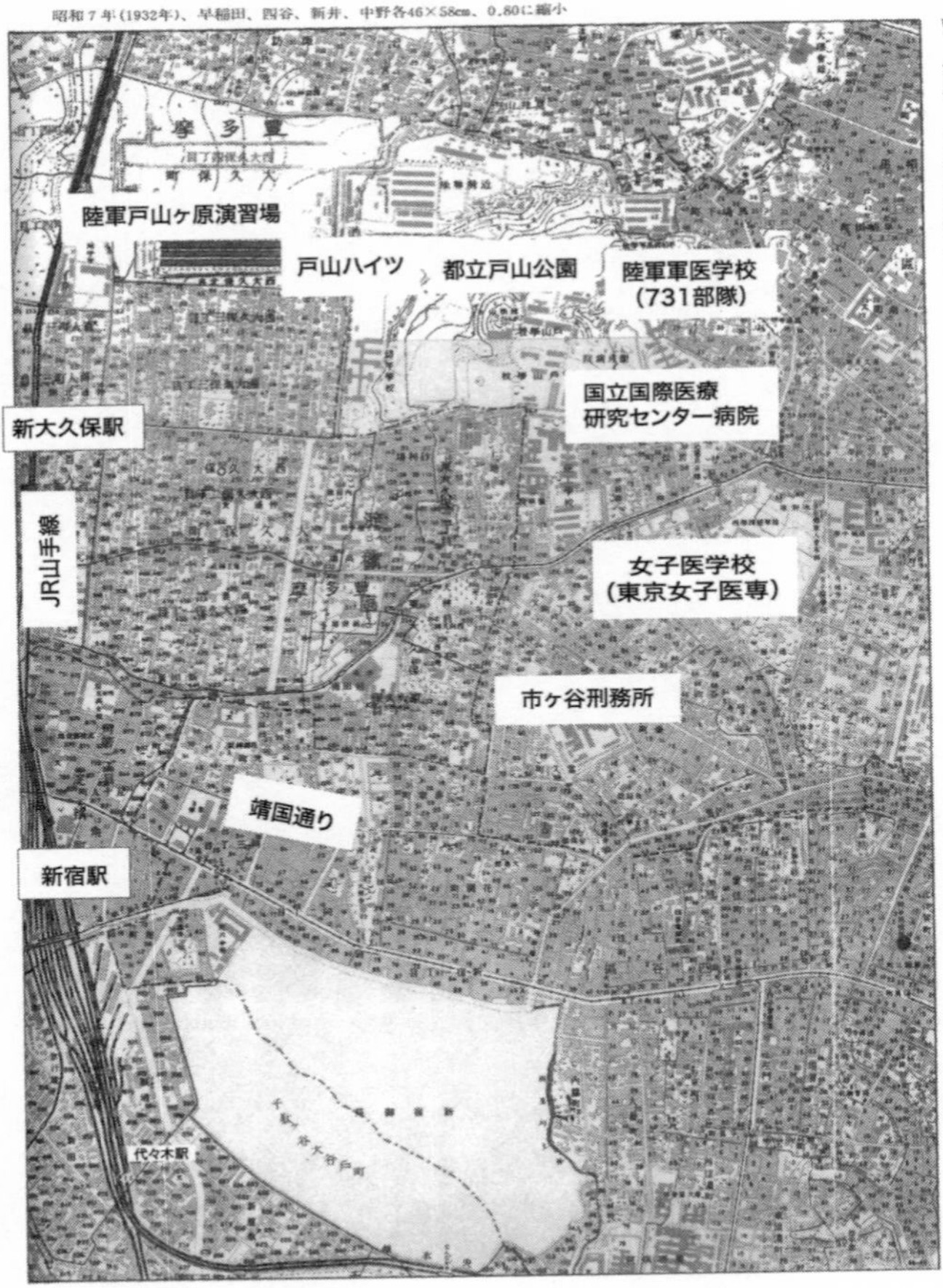

1932年の地形図

右上に女子医学校、左下に市ヶ谷刑務所。その間約400メートル。

出所：東京都新宿区教育委員会『地図で見る新宿区の移り変わり 淀橋・大久保編』1984.3 p.204 より

一九三三年の弾圧

治安維持法が適用された二〇年間で、検挙数、起訴数がピークとなったのが一九三三年である。それは恐慌下の労働争議、小作争議の激増など社会的な激動を背景にしているが、第二次治安維持法（一九二八年）で新設された「目的遂行罪」で適用範囲が広がったことも一因である（当法による被検挙者、被起訴者については次頁表を参照）。

さて、満する本人に焦点を当てよう。『特高月報』（昭和九年五月）には次のような記載がある。

「警視庁　佐治満するゑ　二七
検挙・昭和八年八月二八日
起訴・昭和九年五月七日
（党員）
1．昭和七年五月入党、党家屋資金局部B班配布係
2．同部自由職業指導部員兼配布係

治安維持法の処分別適用状況（国内）

	検挙数	起訴（起訴率）	起訴猶予	留保処分
1928	3426	525（15%）	16	—
1929	4942	339（7%）	27	—
1930	6124	461（8%）	292	—
1931	10422	307（3%）	454	67
1932	13938	646（5%）	774	717
1933	14622	1285（9%）	1474	1016
1934	3994	496（12%）	831	626
1935	1785	113（6%）	269	186
1936	2067	158（8%）	328	56
1937	1313	210（16%）	302	—
1938	982	240（24%）	382	—
1939	722	388（54%）	440	—
1940	817	229（28%）	315	—
1941	1212	236（19%）	355	—
1942	698	339（49%）	548	—
1943	600	224（37%）	310	—
1944	501	248（50%）	160	—
1945（5月まで）	109	106（97%）	39	—
合計	68274	6550	7316	2668

これ以外に朝鮮、台湾などで検挙・起訴された人々がいるが、ここでは扱わない。

出所：荻野富士夫『思想検事』（岩波新書、2000年）より作成

3. 同サラリーマン班指導部員
4. 党中央財政部員文書配布責任者
本籍・長崎
学歴・東京女子医専5中退
職業・無」
また、『思想月報』(司法省、第五号、昭和九年一一月)では「東京女医専退学処分」と少し表現が違い、『思想月報』(昭和九年一二月)には「……中退……〔備考〕昭和六、三、左翼運動に従事中検挙」と、卒業間際の試験会場での逮捕のことも付け加えられている。
では本人の記述はどうか。千葉北部無産者診療所での活動の後、
「どうしても卒業証書をもらえないものですから医者になれないのなら、いっそのこと非合法に飛び込んだほうがいいのじゃないかと思いまして、その頃の地下活動に参加してしまったのです」(若・197)
「……共産党の地下活動に参加することにしました。昭和七年の四月ごろです。
無産者診療所で、先輩の医師たちの指導や、ベテラン看護婦たちの援助で、いくらかは役に立てたとは思いますが、特高から追及されている私が、医師の資格がとれないまま、

これ以上無診にいたのでは、診療所自体に弾圧の口実をあたえかねないし、私自身にも不利だと思って決意したのですが、本当は、もっと危険な道を選んだことになりました」(婦・273・46)

党の文書配布や連絡などについてはこう述べている。

「……特高の弾圧も激しく、会議なども大勢集まることは避け、一対一の街頭連絡という方法がとられていました。お互いに本名も住所も知らず、一分遅れても相手を危険におとし入れるという厳しい規律のなかで、何日何時何分どこそこで誰に会うという連絡の仕事を、私はメモもとらず一日何か所かを頭の中にたたきこんで東京中をかけまわりました」(婦・273・47)

どこで検挙されたのか、その様子はどうだったのかは書かれていないが、四ツ谷署、上野下谷署から市ヶ谷刑務所へ収容された。

＊

四ツ谷署ではかなりの拷問を受けた。何にもしゃべらず黙秘を続けたからである。

「特高の拷問があまりに卑劣で残酷なのに腹をたて、私はいっさい口を開きませんでした」(同)

この〝卑劣〟について、後年満するゑは、「女性を辱めることまでした」と、口に出したくないことまで語っている（元中野区区議・小沢哲雄氏談）。

「特に転々とした住所の最後の家は鋸の目立て屋で、私を大事にしてくれたので、とうとう最後まで喋りませんでした（同）」

と、満するゑの女傑ぶりは本物である。

精神的な屈辱はもちろん、肉体への暴力も凄まじかった。それは後にでてくる「ビッコをひき」とか「皮下出血」などの表現に譲る。

この一年半に及ぶ獄中では、いろんな人との出会い、会話があった。彼女はそれを「私の『大学』」と呼んでいる。四ツ谷署では、

「留置場には全協（日本労働組合全国協議会）の紡績女工二人、共産青年同盟の高専の学生二人、下田歌子が開設した実践女学校の専門部に学んでいた女子学生と薬専の女学生、それに新劇女優の原泉もいました（婦・274・45）」

留置場が華やかになった話もある。

「……浅草の国際劇場を本拠とする松竹少女歌劇団がストライキをやったことがありました。当時、男役として人気絶頂だったターキーこと水の江滝子が、労働組合長をしてい

ましたが、舞台の出演中に検挙され、東京中でいちばん汚い留置場と評判だった象潟《きさかた》署〔現・浅草署〕に連行されてきました。みんな華やかな舞台衣装のままだったので、まるで花が咲いたようだったといいます」(同)

四ツ谷署で、満するゑは先ほどの原泉から踊りを習ったという。

「彼女は、留置場で当時流行のチャールストンという踊りも教えてくれました。……拷問で動けなくなっていた私も、翌日にはビッコをひきひき加わりました。また自分で、壁を利用して逆立ちをする運動をくりかえし、皮下出血で二倍にもふくれ上がった上腿や背中などの恢復につとめました。当時のありとあらゆる流行歌も合唱しました」(婦・274・46)

と、傷を負ったライオンが雄叫びをするかのようなパワーが伝わってくる。若者たちの獄中音楽隊は、「獄中」のイメージを払拭する明るさがある。

＊

上野下谷署では社会の下積みの人との交流があった。ここでは彼女は、特高から勝手に「四谷慶子」と呼ばれた。

「ここではじめて社会の底辺にうごめく人びとと二十四時間、寝起きを共にしたのです」(同)

東北から家出してきた若い女性を売り飛ばす「ポン引き」、売春婦、博打打ちなどのことは、苦渋な思いをせずには読めない。また、捨て子をあやした次の体験は、満するゑの慈しみ深い心根をあらわしている。

「『四谷（慶子）、この子たのむよ』と看守にいわれて引き受けた泣きじゃくる幼児に、生き別れ死に別れた弟たちの面影を重ねあわせて、抱いたりおんぶしたりして監房内を歩きまわるうちにすっかり懐き、数日後、棄てた親を見つけだした刑事が受取りにきても、幼児は私にしがみついて離れないのです。やむなくおんぶして刑事部屋まで連れていったこともありました」（婦・274・47）

＊

階級闘争の同志では、多くの若者が志半ばで亡くなっていった。先述の中島辰猪などは獄外であるが、囚われたままでこの世を去るのは何という酷いことであるか。

獄死者では、茨城県出身の山代吉宗。彼は女工さんたちの求めに応じて手作りミニコミ紙を作り、日々の労働に疲れた彼女たちはそれで学んだ星座をながめる楽しみを覚えたという。彼は広島刑務所で、終戦の数か月前、無念の死を遂げた。

山口県出身の市川正一は、衰弱で歯がなくなってしまっても食事を指でつぶしては口に入れ、「新しい世の中が来るまで、死ぬわけにはいかぬ」と信念を曲げなかったが、彼も宮城刑務所でその頃、体重三〇キロ少しで亡くなった。

その他、革命的闘士ではないが、哲学者の三木清や戸坂潤、少なからぬ宗教者も獄死している。

※獄死者は瀕死の状態で仮出獄後亡くなった準獄死者まで入れると四〇〇名を超える。さらにこれとは別に、裁判を受けることすらなく留置場で虐殺された人は小林多喜二ら約一〇〇名いる。これについてはすでに触れた。

＊

話を元に戻そう。獄死者の一人、千葉県出身の女工、飯島喜美とは満すゑは、この上野下谷署の留置場で一緒であった。

彼女はかつて東洋モスリンのストライキ時代のリーダーで、「革命　死」の文字を刻んだ小さな化粧鏡を獄中に残して亡くなった人である。

「私はこの人とはほぼ半年、同じ留置場でくらしました。彼女は優秀な労働者としてクートベ（モスクワにあった東洋労働者共産主義大学）に送られました。私が彼女から問わず語りに聞いた話では、髪を丸まげに結い、誰かと一緒に夫婦をよそおい、築地署で鈴木という特高警部に虐殺された岩田義道の娘みさごを伴って、ソビエトに潜入したように記憶しています。……

彼女は、小学校を出ただけで毛織物女工として働いていた人ですが、なかなか勘の鋭い、すぐれた資質をもった同志でした。労働者出身なので、将来は共産党の幹部になる人だとは思っていましたが……。……一緒に勉強したものです。彼女は目を丸くしてきいていましたがスイスイと胸に吸い込まれていくのがよくわかりました（同）」

母校の近くの市ヶ谷刑務所で

満する゙は一九三三年八月に検挙され九月に起訴されて、その間、四ツ谷署から下谷署に移された後市ヶ谷刑務所へ収監されたが、裁判所の実刑判決はどういう内容であったのか。病気中に釈放された、と本人が書いているので、刑期満了せずに出されのだろう。ともあれ三六年三月頃に出獄するまで、二年半もの間は幽囚の人であった。

さて、その市ヶ谷刑務所は日本の近代史の裏面に〝堂々と〟建っている大モニュメントである。様々な人、特に反体制の、つまり思想犯がこの闇の空間に幽閉された。特に世界に一大センセーションを巻き起こした「大逆事件」（一九一〇年）の被告二四名のうち一二名はここで処刑された（一九一一年一月）。

この地は現在都立高校と住宅地に姿を変えて、今やほとんど昔の「闇」を思い浮かべる人はいないだろう。ただ一か所、刑務所内の処刑場跡に石の記念碑が建っているが、「市ヶ谷刑務所処刑場跡」という文字だけで、大逆事件や幸徳秋水らのことは何も記されていない。

書評・記事掲載情報

朝日新聞　書評掲載　2023年5月13日

毒の水』　ロバート・ビロット 著、旦 祐介 訳

卑的大企業のデュポンが、猛毒の化学物質を工場外に垂れ流していた。巨悪に気
いた米国の弁護士が市民のため、訴訟に挑む。18年の戦いの末に6億7千万ドル
の和解金を勝ち取り、政府も規制に乗り出した――
書はその弁護士本人によるノンフィクション。問題の化学物質は、日本でも注目が
まりつつある「PFAS」という有機フッ素化合物だ。
これだけで「映画化決定」の面白さなのだけれど（実際、されてます）、読みどころ
っとある。「自分がこの問題にどこまで関わるべきか」という著者の生々しい葛藤
＜中略＞
人の幸せと社会正義、どちらを取るべきか。＜中略＞一歩踏み込んだときのしんど
容赦なく教えられた一方で、勇気も（少しだけ）もらった気がした。
者：小宮山亮磨　本社デジタル企画報道部記者）

朝日新聞　書評掲載　2023年5月20日

リエイティブであれ』　アンジェラ・マクロビー 著、田中東子 監訳

ルの業界で働いたら、低賃金に長時間労働。いわゆる「やりがい搾取」だが、日本だ
ではなく西欧でも起きていた。
国では1997年に誕生した新しい労働党政権時に、「創造性」への関心が急激に高
た。文化を創造経済に転換するという号令の下、若い女性がファッションや美容、
系のメディアなどの「やりがいのある仕事」に向かい状況を描き出す。＜中略＞
ミニズムの立場からカルチュラル・スタディーズを牽引してきた著者はこの創造
の「装置」を看破する。＜中略＞
エティブ業界において、女性の労働が不安定になりやすい構造を分析する。
者：藤田結子　東京大学准教授・社会学）

東京新聞　「MANGAウォッチ」欄 書評掲載　2023年6月26日

クライナ・ノート』　イゴルト 作、栗原俊秀 訳

前略＞私たちは、ウクライナについて、ロシアについて、そこに生きる人々の暮らし
ついて、何を知っているだろうか。ここに紹介するのは、私たちが少しでも人々の生
手触りにふれるための手がかりである。＜中略＞
材する中で見聞きしたこと、そこで出会った印象的な人々からじかに聞き取った体
作品にしたものである。重い題材なのに非常に読みやすい。＜後略＞
者：藤本由香里）

伝社ご案内

-0065　東京都千代田区西神田2-5-11 出版輸送ビル2F
03-3263-3813　FAX　03-3239-8272
il　info@kadensha.net　ホームページ　https://www.kadensha.net

郵便はがき

料金受取人払郵便

神田局
承認

7148

差出有効期間
2024年10月
31日まで

101－8791

507

東京都千代田区西神田
2-5-11 出版輸送ビル2F

㈱花　伝　社　行

お名前《ふりがな》	
	お電話
ご住所（〒　　　　　） （送り先）	

◎新しい読者をご紹介ください。

お名前《ふりがな》	
	お電話
ご住所（〒　　　　　） （送り先）	

愛読者カード

このたびは小社の本をお買い上げ頂き、ありがとうございます。今後の企画の参考とさせて頂きますのでお手数ですが、ご記入の上お送り下さい。

書　名

本書についてのご感想をお聞かせ下さい。また、今後の出版物についてのご意見などを、お寄せ下さい。

◎購読注文書◎

ご注文日　　年　　月　　日

書　　名	冊　数

代金は本の発送の際、振替用紙を同封いたしますのでそちらにてお支払いください。
なおご注文は TEL03-3263-3813 FAX03-3239-8272
また、花伝社オンラインショップ https://kadensha.thebase.in/
でも受け付けております。(送料無料)

若い満するゑは、もちろんこのことを知っていたはずだ。さらにここに収監された大勢の同志のことが去来しただろう。

筆者は刑務所の正門の間近に立ち、手で鉄の扉に触れたことがある。現在保存されている旧豊多摩刑務所（中野区）と旧長崎刑務所（諫早市）の正門である。閉め切ったままの扉は何の音も出さないが、私には開閉時の軋む音が聞こえるようだ。そして彼ら思想犯がここを入る時の思い、出る時の感慨を想像した。

＊

正門から一歩一歩、そして独房の、

「扉が閉まった直後、左隣からモールス信号が聞こえてきました。応答すると、それが何と韮沢慶子だったのです」(婦・275・45)

韮沢慶子は東京女子医専の時の下級生である。上等の着物をもらった思い出を、別の個所で語っている。

「……忘れられない友人のなかに、女子医専を退学させられた下級生が二人います。この二人は早い時期に検挙されたので、前期の卒業試験といって、本科二年の時にある基礎医学の試験をうけることが出来なかったのです。……家出して工場の女工になりました。
そのうちの一人、銀行家の娘だった韮沢慶子は、高級な衣類を妹の分まで持ち出し生活に困った時の用意にと、彼女は大島だのお召だのの高級な衣類を妹の分まで持ち出したのですが、工場に入ってみると、私たちが普段着ている銘仙でさえ持っていない女工さん達ばかりです。彼女は当時、売り出されたばかりの、スフという人造絹糸のペラペラな反物で自分の着物をこしらえると、高級な着物はみんな、地下活動に必要だからといって、私に貸してくれました」(婦・273・47)
着物への愛着が感じられる。その韮沢慶子は、
「私が看守と話している声でわかったとか。彼女は半年以上も前から入っているというので、内外の情報をいろいろ交換しました。お正月には、年末面会に来た母上に頼んだらしく、おせち料理を差し入れてくれました。私が差し入れ弁当など食べたことがないのを彼女は知っていたのです」(婦・275・45)
幼くして両親を亡くした満すゑの嬉しさ、淋しさが伝わってくる。
血のつながりはなくても愛情を注いでくれた人がまだいた。
「上野の（下谷署の）留置場で一緒だった沼田秀郷が豊多摩刑務所に行く前に雑誌記者

だった彼の妻に、私への差し入れを頼んでくれたのだそうで、出獄するまで毎月差し入れられた一円五十銭のお金がそういう沼田夫妻の好意によるものだったとは知りませんでした[同]」

別名で差し入れられていたのだ。

この後に、「拘禁性精神病」になった女性の話がある。

「隣りの韮沢が半年後に出ていったあとに移されて来た人は何やら大声で意味のわからないことを言って看守にくってかかっています。その声を聞いて、それが一時期同じ部署のキャップだった東京女子大出身の、ひどく頭のきれる女性だったことが判りました。しかし、いたましいことに、彼女は拘禁性精神病者となっていて、釈放されたのか精神病院に送られたのか、一〜二カ月のうちにいなくなりました[同]」

一九三四年か三五年のことだろうから、二九年に亡くなった同じ東京女子大の伊藤千代子ではないが、千代子もこの拘禁性精神病であった[1]。

満すゑの、釈放時の様子は次のとおりである。

「私は上腹部の疼痛と嘔吐で特別に支給される牛乳も重湯も飲めなくなり、いよいよこれでお陀仏かなと、高い鉄格子の窓外の雲の流れを見て暮らしているうちに、釈放されることになりました。それがあの二・二六事件の日だったのです。そのとばっちりで私の釈放は一カ月ほど延期になりました。

市ヶ谷（強調符付き）を釈放される時は、脇の通用門からではなく正面の大扉が両方に開きます。そこまで女の雑役におぶわれて……」(同)

出たのであった。歩けないほどの体は何を物語っているか。

（1）藤森明『こころざしいまに生きて――伊藤千代子の生涯とその時代』学習の友社、一九九五年

第五章　再起を願って

友情に助けられて

市ヶ谷刑務所に満すゑを迎えに来ていたのは、女子医専時代の友、虎谷喜枝だった。「彼女は女手一つで幼児を育てていた古いアパートの自分の部屋に私を連れて帰って寝かせてくれました。一文なしの私の面倒をみてくれようという訳です」（婦・275・45）「寝かせてくれました」という表現には、憔悴し切った、今にも倒れそうな姿が彷彿とする。若い女性が瀕死の状態で布団にバタンと倒れる、悲惨な情景だ。

虎谷喜枝は北海道出身、女子医専時代に学校に「謀反」を起こした廉で退学。吉岡校長は「飼い犬に手を咬まれた！」と言ったという。雄弁で組織力抜群、『第二無産新聞』配布の中心人物だった。

今度は別の救いの手が差し伸べられた。玉橋百合子という、満すゑが亀有無産者診療所で働いていた時に知り合った、青砥の農民組合の書記（事務員）をしていた人だ。今は清瀬の結核療養所に患者として入院していて、満すゑを世話してくれと自分の妹に頼んだのであった。

満するゑの窮状についての情報がいろんな知人の間を巡り、彼女を死の淵から救い上げることになっていく。

「……玉橋一家のお世話になることにしました。すっかり衰弱し、肋骨がゴツゴツ浮き出て洗濯板みたいになっていた私の食事を受け持ってくれたのは、上の妹さんで、そのおかげで、少しずつ食べられるようになり、母上は重湯のようなそばがきをこしらえて下さいました。ぼつぼつ洗濯や掃除、庭の植木の手入れなどをするうちに、付近を散歩出来るようになりました。とにかく、私は動くことによって少しでも健康を恢復したかったのです」(婦・275・46)

しかし、この家で母娘のいさかいがおこり、その原因の一つが自分であるにちがいないと察して居づらくなっていた満するゑに、新たな助け舟がやってきた。市ヶ谷刑務所の隣の監房にいた、当時はお互いに名前も知らなかった人である。彼女は東京女高師（女子高等師範学校）を出て女学校の教師をしていた平沢静子という人であった。

「彼女は検挙された時、母に死なれ、その遺産があるので、京都出身のやはり教師をしていたとかいう人の世話もみながらアパートでくらしていました。三人共、出獄して間もないので健康もすぐれませんでしたが、つましいながらも栄養に気をつけて早く元気になろうと努力しました。京都の女性が一番先に元気になって職をみつけて独立してゆきました。

平沢静子のアパートは阿佐ヶ谷駅に近い、電車の騒音や付近のゴミゴミしている陽当たりのよくないところにあったので、健康によくないと、もっと静かで陽当たりの良い二階家に引っ越しました。隣家のラジオがよく聞こえ、当時来日していたジンバリストのバイオリン演奏や諏訪根自子のバイオリン演奏も聞きました(婦・275・46〜47)」

彼女にやっと、最低限の生活から音楽を楽しめるくらいの人間らしい生活が戻ってきた。

そして、またまた嬉しいプレゼントが舞い降りてきた。

「夏近くなって、平沢は転地療養に連れて行ってくれました。平沢の女学校教師時代の教え子で、我々がお喜美ちゃんと呼んでいた人がいました。彼女は当時まだ獄中にいた今は亡き紺野与次郎の妻です。お喜美ちゃんの父親所有の絹の糸繰り工場が相模川の近くにあって、目下操業休止中で四畳半と六畳の部屋を利用するように配慮してくれたのでした。空気はよし、……付近は畑ばかり、裏手の高台に何軒かの農家の集落があるという静かな場所でした。秋の陽ざしがさす頃まで滞在しているうちに、女の子たちが十人ほど毎日遊びにくるようになり、一緒に遊んだりしました(婦・275・47)」

こんなに平凡なことを長く書くのは、余程ありがたく、幸せな日々であったからだろう。貧しい生活に呻吟する人々の中で医療に携わり、社会変革のための非合法活動に休む間もなく打ち込み、果ては拷問と過酷な環境の囚われの日々から一転して、衰弱した心身が少しずつ回復してゆく、雪解けの春のような、快癒の喜び。若い命の再生に感謝する一日、一日だったのであろう。

馬島僴《ゆたか》診療所で

少しずつ健康が回復しつつあるとはいえ、まだまだ一人前の働きはできない体であったが、

「いつまでも他人の世話になっているわけにもいきません。独立して働こうと思い、〔相模川畔の住まいから〕私だけ先に東京に帰ってきました。当時もう無産者診療所は関東地方では弾圧され一カ所も残っていませんでした」（婦・275・47）

特に検挙、投獄が多かった一九三三年に閉鎖されたところが多い。千葉北部無産者診療所、東京の亀有、大崎、城東、大阪の三島、片町などである。残っていたのは後で出てくる新潟県の無産者診療所（四一年閉鎖）と、大阪の東成無産者診療所（三七年閉鎖）に過ぎない。

「仕方なく、その頃からの友人である泉盈之進のところへ相談に行きました。彼は当時歯科を開業していましたが、〔私が〕ひどく衰弱していると見てか、働くより診療を受けるのが先だと、その場から本所駒形にあった馬島僴診療所に連れて行ってくれました。

馬島側は大正年代から労働運動や革命運動で傷ついたり病いに倒れた人々を、医療の立場から援助してきた医師です」(同)

＊

ここで、この時代の医療社会化に大きな貢献をした馬島についてやや詳しくみてみよう(1)。欧米へ留学して医学をさらに研鑽して帰国した彼は、神戸の貧民窟で働いている賀川豊彦に会う。賀川は「よく帰ってきましたねえ。しかし、君はすばらしい洋行帰りのお医者さんになったんだし、もうここには勤めてもらえないでしょうね」と寂しそう。

馬島は応えて、「それはとんでもない誤解です。私が外国へ行ったのは、この仕事(貧民救済)を完成したかったからじゃありませんか。私はもちろん明日からここの診療をはじめます」。「しかしあいかわらず臭気ぷんぷんたる貧民窟に毎日通って、細民の診療に従事していた。しかし子どもたちは、次から次へと私たちの手の中で死んでいく」。「驚いたことに、百人生まれた子供のうち、三十五人までが、一年の間に死んでいるのだった」。自分の「手の中で死んでいく」子どもを看取る医者という職業はつらい。生と死の明滅する時空、それが医者の日常なのだ。

でも、悲しいことばかりではない。

「治療に成功した時の、そして患者から感謝されるときの、医者だけが味わえる幸福感にあふれて、貧民窟の生活を楽しくしてくれるのであった」

そして、あの関東大震災。被災の実情を見るために「アメリカから持ち帰ったサイドカーつきのオートバイと一緒に」横浜に上陸、そこから東京へ。賀川は本所の救援本部にいた。そして、彼の強い要請に折れて一緒に東京で活動することとなった。

馬島は、罹災民救援に医者として奮闘した。そして、日本で初めての巡回看護婦の制度をはじめた。新採用された「六十人の看護婦がいっせいに私のバラック診療所から飛び出して、……そういう仕事はほんとうに甲斐々々しい愉快なものであった」。

自分の診療所は最初はテント張り、その後十坪たらずの掘立て小屋へ、「私はほとんど手製でそれを建てたのである」。

患者には様々な政治的立場の人がいた。「けんか相手が鉢合わせしても、診療所でけんかが始まる、というようなことはなかった」ので、彼は「呉越同舟・私の診療所」と表現している。やってきた社会運動家の名前を列挙した後で、それに疲れたのか、とうとう「当時、東京の周辺で社会運動に従事していた人たちで、私の診療所に来なかった人を数えた方がずっと早いくらいである」と結論する。官憲から追われている左翼の患者を彼一流の奇策で逃がしてやった話は、映画を見るような面白さである。

話が長くなってしまった。重要な点を列挙しよう。

「三・一五事件」の後、この労働者診療所に太田慶太郎がやってきて、解放運動犠牲者救援会を作ろうと相談にきた。警察で拷問を受けている人々を助ける仕事だ。そして四月に馬島を会長とする解放運動犠牲者救援会が設立された。事務所はこの労働診療所に置いた。

満すゑの説明では、

「当時、労働者診療所には、のちに無産者診療所運動に参加した医師と看護婦が数人勤務していた。……のちには、三・一五事件で検挙されて職を失った医師、看護婦などが勤務するようになった。

救援会活動のうちの医療部門の仕事として、解放運動の途上病気で倒れた人びと、獄中、ブタ箱（警察の留置場）の中の犠牲者の診療とその人たちの家族の救援診療、ストライキの応援診療などに大勢の医師、歯科医師が参加した。当時無産者診療所をつくろうという計画はあったが、資金の都合がつかず、立ち消えになったということである」(根・314)

その後の山本宣治のことは前に触れた。
さて、満すゑの出獄後の、馬島診療所である。一九三六年頃のこと。
「時勢が悪くなって以前の労働者診療所の看板さえ塗り替えられていました」（婦・275・47）
そして馬島の診察の結果はどうであったか。
「胸のレントゲン検査をする程度で、当時はまだ、貧血や胃のレントゲン検査などは行われていませんでした。後日、三十年以上経って十二指腸潰瘍で胃の切除手術をうけた時、私の十二指腸はボロボロだったと言われましたから、その当時が第一回の潰瘍発作だったのかもしれません。貧血・低血圧もひどかったかと想像されます。それでもまあ命に別状ある症状もないから（栄養失調は別として）二時間でも三時間でもいい、最低生活は保証するから、ここで働きながら健康を恢復するようにしなさいという『診断』でした」（同）
仕事というのは、最初は雑務であったがそこは准医師のこと、徐々に医者らしい内容に変わっていった。
「馬島僩《ゆたか》診療所でのさし当たっての仕事は、永く放置されていた名刺・手紙・書類の整理分類と、当日の郵便物の整理でした。はじめの間は、やっとの思いで二時間ぐらいしか働けませんでしたが、体力が恢復してくるにつれて、外科などの処置室の手伝いや薬局の手伝い、検査室の仕事を受け持つことができるようになりました。馬島僴は前進座の後援会長もしていたので、座の人びとやそれにつながる人びとが集団検診にきましたが、検査は私がやりました（婦・276・44）」

満すゑと音楽

「自伝・幾山河越え去りて」では、音楽については二か所だけ出てくる。一か所は歌。といっても本格的に声楽をやったというのではない。子どもの頃の、悲しみをまぎらわすための歌である。

満すゑは小学一年の時、突然母を病気で亡くした。それからは「母なし子」としてしばしばいじめられた。子どもからだけではない。子どもとその母、果ては先生までもいじめたのだ。

二年生の頃、急用ができた先生が、

「静かに自習していなさい。もし騒いだ人がいたら黒板に名前を書いて置きなさい」(婦・267・45)

と言って出て行った。級長の満すゑはその通りしたが、後で名前を書かれた子の親は、

「あんた、うちの子の名前を黒板に書いたんだってね。なぜそんなことをした」(婦・267・46)

と、満すゑに怒鳴りつけたのである。そして先生にも怒られた。これはショックだった。「学校にどんな圧力がかかったのか知りません。先生の言い分はこうでした。『あんたも

お母さんに死なれて云々……』と私が母なし児だということまで持ち出して今度は級長をやめなさいという御託宣でした。自分が黒板に名前を書いとけと命じておきながら、級のみんなも認めていることなのにと、それまで人の前で涙も見せまいとこらえてきたのに、あんまりだと、さすがの私も先生の前でむせび泣きました（婦・267・47）」

「……先生の私に対する対応の仕方に私は怒りと悲しみで、死んでやろうと思いました……（同）」

引用が長くなるが、満するゑの心の傷と、したがって心の成長をしっかり理解しないと、「歌」の意味がわからない。

「こうした経験から、母と娘の連合軍が時によって母なし子の女の子にどんな意地の悪いものに変わるかということを私は身をもって知るようになりました。友だちのお母さんから親がいなくて淋しいだろうと同情されても、にっこり笑って『ウウン』と顔を横に振るのです。……私はみなし児だと同情されるのがきらいで、友達のお母さんにも決して甘えようとはしませんでしたし、笑って淋しくなんかないと意志表示するのが、私の拒絶反応でした。……悲しい時、淋しい時、腹が立つ時、歌を歌うことでごまかしていましたから――」

これはとてもつらい記述だ。歌でごまかすといってもほんとうは深い、深い、慰めの、鎮魂の歌なのだ。しかも、子どもが歌う。

歌とは何だろう。音をもってする感情の表現。といっても平板な言葉の連続ではなく、抑揚のある、リズムと旋律を持った音または言葉だ。そう、これも言葉なんだろう。

小さな満すゑは、自分に襲いかかる社会の大きな圧力に対してけなげにも一人で歌っている。

この「歌」は、成長するにつれてもっともっと様々な形をとるようになるだろう。社会的実践の形を。

満すゑによる音楽に関する記述の二か所目は、一九三六年ごろ。

市ヶ谷刑務所から衰弱して出獄後、友人の平沢静子の世話で命を養っていたが、その頃当時来日していたジンバリストや諏訪根自子のバイオリン演奏を、ラジオで聞いた話を前にした。満すゑは曲名までは書いていないが、バイオリンが特別好きだったのだろう。筆者はここでどうしても諏訪根自子や当時よく演奏された曲について書かずにはいられない。

当時天才少女として一躍有名になった諏訪根自子（一九二〇〜二〇一二）は、世界の舞台で活躍し名声を博した日本人バイオリニストの最初の人である。一九三一（昭和六）年元旦の『東京朝日新聞』には次のような記事が載っている。

「諏訪根自子さんというヴァイオリンの天才少女が現れた。諏訪根自子さんは今、高田第五小学校の四年生で遊び盛りの十二歳（満では十歳）。……昨秋、ジムバリストが来朝した際……根自子さんを帝国ホテルの一室に招んで得意のメンデルスゾンのコンチェルトを聴き……その美技に驚き……」

彼女は後に、彼の世話でヨーロッパへ留学することとなった。

大曲以外の小品も多く演奏し、当時流行ったドヴォルザークのソナチネ、特にその第二楽章である通称「インディアン・ラメント」も一五歳の彼女の演奏（SP版）を今でも聞くことができる。アメリカ先住民のメロディや黒人霊歌を取り入れたと言われ、その哀愁を帯びた作品はインディアンの子守歌とも訳され人々に親しまれている。

ここで話を続けたくなるのは、ちょうど同じ頃の朝鮮での労働運動である。

大日本帝国の一部をなす朝鮮の工場では、多数の朝鮮人と共に日本人も一緒に働いていた。その頃の労働運動を自伝風に描いた『わが青春の朝鮮』の中に、かなりのレベルのバイオリニストだが労働運動に専念していた朝鮮人青年が出てくる。その姿が満するゑとどうしてもダブってくるので、長くなるが引用する。(2)

「私の新しい社会生活の第一歩となった大興南工場での仕事場は、第三硫酸工場というところだった。そこは興南工場の数多い職場のうちでも最も労働条件の悪いところのようだった。昼夜轟々と唸りつづける鉱石粉砕機や、たちこめる粉塵、溶鉱炉の焼滓の鼻をつくにおい。そこでは硫酸でボロボロになった服を着て、七重八重に折りたたんだタオルで口や鼻を覆った日本人・朝鮮人労働者が、昼夜三交代で働いていた。人びとはここを殺人工場といい、……私はこんな労働環境に堪えられるかどうか不安だった」

きつい労働に疲れてはいても、青年たちには夜に集まって憩うひと時があった。

「いつしか雪が降り出す季節になった。ある時、九竜里の下宿の家主・孫一竜のところに青年たちが集まって、深夜まで何か話しこんで帰ってゆく気配がした。人数は七、八人ぐらいのようだった。私はその時、来訪者たちの話し声を漠然と聞いていたが、朝鮮語がまだ全くわからず、また厨房の土間を隔てた隣室での話なので、内容は全然解らなかった」

「その日も朝から曇っていた空は昼ごろ雪になり、私が工場から帰って夕食をすませると、間もなく孫一竜から『話にこないか』とさそわれた」

「四畳半ほどの部屋には七、八人の青年が車座になって坐っていた。電球は暗かったが私には明るい雰囲気が満ちているように感じられた」

貧しくとも、未来に夢ある若者たちの熱気が伝わる文章だ。

「青年たちの服装は朝鮮服、洋服、工場服、また上が朝鮮服で下に工場の作業ズボンというういでたちの者もいた。……孫一竜が私を一同に紹介し、青年たちは一人ひとり自分の名前と職業を名乗った」

その中の、色白でダブルの洋服を着た青年は金元輔といい、後ろにバイオリンのケースを置いていた。それとは対照的な朱善奎という青年は、「かなり着古した、すりへってテカテカ光って」いる背広を着ていたが、「がっちりした堂々たる体格で、顔は端正というにはふさわしくなかったが、みんなをひきつけずにはいない顔だった。あえて言えば、自由奔放の気性と厚い友情と深い洞察力と、そして燃え上がる焔と、音もなく流れる大きな川などを連想させる顔だった」。

そして、いろいろな話をしたあとで、「ある一人が趣味について聞いたので、『時には音楽を聴いて楽しみます』と言うと、それではここに二人のすぐれたヴァイオリニストがいるから」ということになり、「ちぢれっ毛の金元輔に向かって私は一曲所望した。彼はちょっとためらっていたが、『じゃあ、一曲だけ』といってケースからヴァイオリンをとりだすと音程をととのえ、『インディアン・ラメント』を奏でた。それは聴いていた人たちに充分満足感を与えるほど巧みな演奏だった」

ここまでは平凡な話だ。これからがクライマックスである。

「孫一竜やみんなが、朱善奎に向かって、『今度はお前の番だ』といった。朱善奎もヴァイオリンを弾けるのだった。彼は困ったような表情を浮かべ、……拒みきれず、一気に『トロイメライ』を弾いた。その、魂をゆするような美しい旋律は、聞き終わった後も私の心をとらえて離さなかった。その演奏は力強く、その音色は荘重で気品に満ちていた。ヴァイオリンを持ったこともなく、音楽についての鑑賞力も幼稚だった私には、まるでその古ぼけたヴァイオリンが、音の魔術を引き出す秘密を朱善奎の手に委ねたかのように思われた。……

金元輔が私に、『磯谷さん、どうです、朱善奎君はうまいでしょう。彼は今すぐにでも希望すればモスコーの音楽院に入ることが出来るのです。ところがこの男はそんなことは全然考えていないんです。しかも彼はいま工場で人夫をやっているんです。それも一番つらい仕事、土や焼滓を積んだトロッコのあと押しです……』と言った」

「『どうして?』と私は直接、朱善奎に問いかけた。すると『私たちは今、音楽を勉強するより、もっとほかにやらなければならない仕事がありますからね……』という答えが返ってきた」

「……『いや、僕は労働者だからね。こんな手では本職のヴァイオリン弾きにはなれませんよ。』朱善奎はそういうとワイシャツの袖をたくし上げて、そのたくましい腕と大きな手先をひろげて見せ、微笑した」

一九三〇年代の日本と朝鮮、しんみりと深い「インディアン・ラメント」や「トロイメライ」を、お互いは知らないが日本と朝鮮の若者がいろんな思いの中で聴いている。

栄養士・調理師養成研修所へ

「しかしいつまでも診療所の手伝いではなく、一生続けられる専門の仕事を身につけたいと思い……」(婦・276・44)

という満すゑの表現からは、もうすぐで医師になれるというところでなれなかった悔しい思いは読み取れない。しかし、やはりわだかまりは消えなかったはずである。別の回想では、

「医師になれないのに馬島さんのところにいても仕方がありませんので……」(若・199)

とある。

「栄養士になって大工場に入り込もうという考えで、女子医専の卒業生で栄養学校をやっていた香川綾さんのところにいったのです。香川さんは私の経歴をきいてもそれ程気にならなかった様子で乗り気のようでしたが、御主人が反対されたのでしょうか、採用されませんでした」(同)

でも、栄養士への道はあきらめない。

「……丸岡秀子に紹介してもらいました。彼女は、元東京女高師の教授だった人が新橋のビルで開いていた栄養士・調理師養成研修所に採用されるようにと援助して下さいました。私は校長の秘書兼学僕みたいな役目で採用され、授業料は免除でした」(婦・276・44〜45)

「女医専時代に、栄養学・食品学などの本は読んでいましたが、じゃがいもはどう切れば美味しいか、まずいかと実験しながらの調理学は、大変面白いものでした。校長は放送協会、現在のNHKの料理のラジオ番組を受け持っていたので、毎日その原稿整理が仕事でした。書きなぐった先生の原稿をアナウンサーが読みやすいように書き直すのですが、はじめの頃はその判読に苦しみました。あとは誰にいわれるわけでもなく、お嬢さんたちが放ったらかして帰った後の食器類を洗い、真黒になったままの鍋類を磨きあげたりした……」(婦・276・45)

ここで興味深い話が出てくる。彼女が研究していた「人間の歴史の中の、食べ物の歴史」の論文が栄養雑誌に連載されたのだ。

「唯物史観にもとづいて書いたものなぞ出版物から影をひそめていた時代に、よくぞ載せてくれたと思います。参考書には、ドイツのマルクス主義者が書いたと思われる著書や、マルクス全集からいろいろ引っぱり出して読むんですが、マルクスに対しては時々『ちきしょう!』と思いましたね。私が書こうと思っていることを遠の昔にチャンと書いてるんです。こんな分野にまでと感にたえる程、人間の昔からのさまざまな生活にくまなく目をくばっているのには憎らしくなる程でした。……発行当時特高の目にとまっていたらブタ箱入りとなったようなものでしたが……」(若・200)

マルクスの著作といえば、経済、歴史、哲学などのお堅い分野ばかりが話題になるが、この食べ物や栄養についての研究が〝憎らしい〟と悔しがる満すゑのプライドの方もまた面白い。

以下は『民主医療運動の先駆者たち』からの引用である(3)。

「……そして『栄養生活』第二巻第六号(昭和十五年六月十日)に『栄養技術史』(未完)を発表した。

そのなかから摘記してみると、随所に次のような文章がみられる。

『今日の文明社会に於ける食糧は殆んど総て商品として生産され分配されてゐる。今日の栄養の問題は之を抜きにしては考へられない。今日のけんらんたる科学に立脚する食品の分析や花咲いたばかりの感ある栄養調理の発達普及も栄養の技術の一つの問題ではあるが、それらの技術を社会経済的観点と結びつけて如何に普遍化するかといふことも、商品として食糧の社会的な配分の問題も、亦、栄養の技術的範疇であらうと思はれる』（序論）『富は増加した。隣接民族の富は、富の獲得が既に第一生活目的の一とされてゐる諸民族の貪欲をそそる。略奪は労働して得るよりもより容易であり、名誉とさへされた。そこで略奪が行はれ、正規の獲得部門となった』（野蛮時代の食糧調達及調理）

序論では唯物史観にたった意見をのべており、『野蛮時代の〜』では、先史時代を例にとって当時の日本帝国主義の中国侵略政策をダブルイメージさせ、はっきりと批判していた」

少々長い引用となったが、検閲による思想統制下での精一杯の主張が伝わってくる。

＊

満するゑはさらに、学校外へも出て実社会での食べ物と栄養の調査もしている。

「雑誌の女性記者と一緒に鐘ヶ淵紡績など、女工さんの多い大工場の食堂めぐりもしました。そろそろ戦争で物資が不足してきて、どこの工場食堂も献立に苦心さんたんしていました。昭和十四、十五年頃にもうすでにそんな状態だったのです」（若・200）

この養成所を一年で終了したが調理師の免許はもらえず、また職探しがはじまった。

「栄養学の勉強を生かして『主婦の友』社の記者になろうと思い、試験を受け、それもとおり論文もパスするんですが、身分証明書を出す段になると駄目だったということもありました。

築地の魚市場の板子さんたちの組合、もう労働組合という名称も名のれなくなって睦会といった組合事務所の書記をしていたこともありました。重労働をする人たちが、会議などの時には大福餅など山のように積んで、甘いものをたくさんたべることをこのとき知りました(同)」

こうして医師への道が遠のいたような日々が続いていた時、周りの知人の親切が実って、一九三九年四月、女子医専への復学が叶った。

「だけどもう一〇年近く経っているし、医学は一日一日進歩しているので、一〇年前に教育された者にすぐ『卒業証書は渡せない』ということで、一年だけ学校にはいって勉強しろというわけで、それで三年生といっしょに学期末試験を受けて、それで通ったら四年生に入れてやろうということで、それで学校のほうでは試験が通るとは思わなかったらしいのです。……そしたら、学校が驚いたくらいに試験の結果は良かったらしいのです。それで一年間、四学年をもう一回やりまして、それでやっと昭和十五年に卒業したという形になっております（若・202）」

一九四〇年三月、満すゑ三一歳。

＊

満すゑは一九三八年に画家・桜井誠と結婚。復学後の女子医専では月謝を払うのが大変で、

「夫の画家仲間の紹介で、寺島のほうの耳鼻咽喉科へ学校の帰りにアルバイトにゆくことにしました。三十円ぐらいの給料でした。九時に終わって夕食を食べて三〇分ぐらい歩いて押上にあった同潤会のアパートに帰るという生活でした。女子医専では、アルバイトなどしている学生はほとんどいませんでした。家庭の仕事もし学校へも行き雑誌の原稿を書き、その上アルバイトしながらというのは大変でしたが、若い時ですからやりとげました。アルバイト先を紹介してくれた夫の画家仲間は、若い頃プロレタリア美術家同盟でウロチョロしていた連中です（若・203）」

満するゑは市ヶ谷刑務所を出てから友達の世話になったことを、「自伝・幾山河越え去りて」で詳しく書いているが、「根っこは枯れず」では以下のように淡々と筆を運ぶ。

「女子医専に入学したのが一九二五年（大正十四年）、紆余曲折をへて卒業したのが一九四〇年（昭和十五年）、治安維持法違反の執行猶予期間は過ぎていたが、保護観察法という法律にしばられていて東京以外への旅行の自由は持っていなかった。

そんなことにこだわってはいなかったが、行くさきざき、特高につきまとわれた」（根・122〜123）

検挙が一九三三年八月、起訴が一九三四年五月で、病気による仮出獄は三五〜三六年と推測される。そして、一九四〇年頃も、行動の自由はなかったというのである。

治安維持法（3）＝思想犯保護観察法

一九三六年成立の思想犯保護法はなぜ作られたか。名前は巧妙に替えられたとはいえ、これは一九二八年の改訂に次ぐ第三番目の治安維持法と言える、「思想犯」取り締まり法である。

ではここで、一九二八年から三六年までの社会情勢と治安対策を簡単に見てみよう。

二八年の「三・一五」、二九年の「四・一六」その他の大量検挙で刑が確定し服役した人だけでなく、多くの不起訴の人や起訴されても起訴猶予や起訴留保の人がいた。前者の中にも途中で仮釈放となった人と満期退所者とがいる。一九三三年をピークとして新たな検挙者は減っていくが、このような「思想前科者」が大量にいたことが、当局の頭痛の種だった。

司法省の公式説明を見てみよう（「思想犯保護観察制度の必要」一九三六年四月一五日）。まず該当者の数は、「起訴猶予、執行猶予、仮釈放または満期釈放者の数は約一万人に達し、なお検挙せられたる者の数は五万人を超ゆべし」。

この数は当時の政治を変えようという動きがいかに大きいものであったか、そしてそれに対する弾圧がいかに激しいものであったかということである。これらが「再犯」を起こさないように、天皇制政府に忠実な臣民となって戦争に積極的に協力すること、この大目的のために「保護」し「観察」するという。当局は、第一次世界大戦でドイツが敗れた原因について、「その主たる原因は銃後における思想混乱に基因するのであり、その思想混乱は左翼一派の運動によるもの」（司法省保護局長・森山武市郎）と見なす。いわゆる「内憂」を払拭して、一枚岩にしようというのである。

思想犯保護観察法第四条では二度と反体制の言動をしないように、「居住、交友または通信の制限その他適当なる条件の遵守を命ずることを得」。つまり実態は「保護観察」というより監視であり、思想と行動の自由を奪うことになる。担当するのは保護観察所の保護司、または委託を受けた保護団体、寺院、教会、病院などである（第三条）。

以下に、この第三の治安維持法・「思想犯保護観察法」の適用を受けた人数を記す。(4)

日本国内（一九三六～一九四四年）

保護観察所受理　八七一〇人

保護観察人員　五三三七人

四四年六月時点での保護観察人員　二四三五人

朝鮮（一九三六～一九四四年）

保護観察所受理　四一〇〇人

四四年八月時点での保護観察人員　二八九七人

関東州（一九三九〜一九四一年）

保護観察受理　一八三人

保護観察人員　五七人

進路の悩み

女子医専卒業間際に逮捕され、医者の資格を取れなかった満するゑは「どうせ医者になれないのなら」と、地下活動に入った、と告白していた。しかしそれとはまた別に、もっと具体的に外国での革命運動に賭ける決意もあったのである。

一九三一年夏、中国で大洪水が起きた。ちょうどその頃できた日本労農救援会という「民主勢力の統一戦線組織」は、日本国内の救援活動（東北の冷害、託児所、スト応援など）の他に、外国へも救援活動の手を差しのべた。

「『労救』はまた、国際的連帯運動の一環として、中国の黄河の大氾濫による水害救援に医療団を送る計画をたて、医療同盟準備会からは医師大栗、助手金高、看護婦赤木（砂間）を派遣することにきめていた（根・80～81）」

その次が重大決心である。

「小山（金高の別名）は、日本では正式に医師として診療できなかったので、無診弾圧の口実にされる危険もあった。せっかく学んだ医学も医療も日本で役立てることができないとすれば中国革命にささげようと思い、救援の任務が終わったら、中国ソビエト地区に潜入しようと決心していた。そういうツテはあると確信していたのである（根・81）」

あの長谷川テルや野坂参三のように中国で反日・反戦活動を考えていたのだろう。しかし、

「中国水害救援派遣は、何かの都合で中止になり、実現されなかった（同）」

「何か」とは、九月の「満州事変」と、それに続く中国人の反日運動のことであろう。例えば上海では日本製品の不買運動、日本資本の紡績工場での就労拒否や退職、その他ストライキの多発など、など。そして翌一九三二年に入ると日本が仕組んだ事件から「上海事件」へと一五年戦争は拡大していった。

このような中国での緊迫した情勢のほかに、満するゑら左翼に対する日本官憲の執拗な監視・偵察も気がかりであったろう。

「当時、中国に渡るには、旅券も査証もいらなかった。長崎から上海までは定期便が出ていたのである。ただし、朝鮮に渡るのに門司で警察の厳しい監視があったように、長崎から日本を脱出するのも『安宅の関』以上であったろう（同）」

と、歌舞伎・勧進帳を思い出すところはいかにも芝居の好きな彼女らしい。それはさて

おき、満すゑが中国へ渡ったとすれば、一九三三年の検挙・投獄以降の彼女はなかっただろうし、女医・満すゑでもない人生を歩んだのだろう。

内なるもの

彼女の半生を書きながら思う。単なる編年体で綴っても、それは年表と大して違わないではないか。行動を起こす原因には、外的なもの（環境）とは別に内面的ものがある。しかし、この領域は本人でも明確に自覚しているとは限らない。パスカルは「私に何でも聞いてください。動機以外なら何でも」と書いていたようだが、案外、本人よりは他人の方が行動の真意、心因を見抜いたり推測できたりするのかもしれない。

そこで私も、彼女の「自伝・幾山河越え去りて」の中から、いくつかのテーマについて、その「心の動き」を追ってみたい。

＊

《肉親への思い》

小学一年の終わりに母を突然亡くし、三年の夏休みの終わりに一年間もの介護（食事を与え、おむつ洗いも）の末に父も亡くしたことを、満すゑは淡々と距離を置いて、あたかも新聞記事のように綴っている。

しかし母の死後、気の強い彼女はお化け払いの魔除け札を父が捨ててしまったことに気持ちが収まらず、

「こわいのと、わびしい悲しい暗い複雑な気持のもって行き場がなく、私はよく兄にけんかをふっかけました。でも兄はただにんまり笑うだけで相手にしません。毎朝、学校に行く前にきまって喧嘩をしていた兄でしたが、母の死後のあまりの変わりように、可哀想でやりきれない気持でした」(婦・266・46)

と、自分が悲しみに浸ることはせず、それを振り切るように、逆に温和な兄のことを「可哀想でやりきれない」と、上から目線である。

父母の死後、伯父の家で育てられていた時、満すゑは疫痢で家の隅に隔離されていたことがある。部屋にある仏壇の上に両親の骨壺が置いてあったが、彼女はそれを下ろして中を見た。

「……その中に焼物の壺があり、蓋をとると一番上に『髑髏』がのっかっていました。……まだ生きている時の顔の記憶は鮮やかですが、何とも髑髏の上に重ならないだけでなく、じっと見つめていると……大きくなったり小さくなったりします。……両親の髑髏が

私を守ってくれることなんてできるもんかと、空しくなり、涙も出ませんでした（婦・267・45）」と、幼くして無常観にとらわれているが、それから一〇年ほど経った女子医専時代になると、寄宿舎のおじいさんの話がある。

「地階に住んでいた食堂のおじいちゃんが亡くなって、中庭から線香の匂いが私たちの部屋までただよってきます。その匂いは、両親や弟たちが死んだ時のにおいです。私はたまらなくなって香典に一円を包んでお線香をあげにゆきました。『どうも有難うございます』と大へん感激されたところをみると、数百人いた寄宿生の中で個人的にお別れに行ったのは私ひとりではなかったのでしょうか（婦・270・46）」

自伝ではその後、肉親の死については出てこないが、次の「子ども好き」のところでは「親のない子ども」への慈しみとして、しばしば間接的に想起しているようである。

＊

《子ども好き》

女医専に入った年、満するゑは赤羽に住んでいた叔母一家を時々訪れた。そこの従姉は東京市の児童課の職員であった。

「大正一二年の関東大震災からまだ二年も経っていなかった時期で、九段の護国神社の境内には、東京市が建てた被災者のためのバラックがずらりと並んでいました。その一軒々を、病人はいないか、子どもは元気かと個々訪問する活動に、赤羽の従姉は私をつれて歩きました（婦・270・47）」

「従姉は助産婦だけでなく、保母の資格もとって、深川のジメジメしたバラック群にも私を連れてゆきました。そこには公民館、当時は隣保館といった会館があり、昼間は託児所になっていました。震災で母や父を亡くした母子家庭、父子家庭の子どもが大勢いました。私が訪ねていくと、ワアッと子どもたちがすがりついてきて、パンパンとところかまわず叩きます。なかには、つねる子どももいましたが、それは私にたいする幼児たちの愛情の表現だったのです。私は子どもと遊ぶのが楽しくて、ひまをみては深川の隣保館まで通いました（同）」

また、ある春休み、相浦の養家に帰省中のこと。満するゑは体調を壊したが「自然療法」で治したことがある。

「当時私も、結核については乏しいながらいささかの知識はもっていました。ある春休みに帰省した時のことです。いつものように家の中を全部掃除し、庭をはき、鶏にはえさをやり、猫や犬にも食べさせ、かつて鶏に卵を抱かせてかえしてもらったあひるのひなが、すっかり大きくなって五、六羽いるのを川に放してやると、もうそれだけで疲れはててしまい、体温を計ってみると七度五分から八度あります。そんな日が幾日かつづきました」(婦・271・44〜45)

これからが面白い。医者にも薬にもよらない、自力の治療、自然治癒力を信頼しての蘇生。

「私はこのまま養母の言うままにしていたら駄目だと思い、敷布団を持ち出して、いつかの台風で三十度ぐらいに傾いてしまった庭のいちじくの大木の枝と枝の間に敷き、綿入れのかいまきにくるまって寝ることにしました。ちょうど担架にのっているような具合で、若葉越しに陽が当たって風が吹けば少しはゆれます。いろんな野鳥も飛んできて雲の動きを眺めながら、午後の陽がかげるまで樹の上で寝ていました。あまりに私の態度が断固としていたのでしょうか、口うるさい養母も文句ひとついいません。私はひとりで留守番をしながら、雨の日以外は樹の上で寝て暮らしました。犬は樹の根元に一日中うずくまって私を護っているつもりのようでした」(婦・271・45)

木の枝に横たわっていると心が安らぐ。リラクゼーションだ。ずいぶん昔、京都は栂ノ尾高山寺の明恵上人は木の枝に坐って座禅をしたという(樹上座禅)が、それに近い。自然と一体になり、宇宙的感慨に浸る。一粒の水滴にも全宇宙が宿る、という心境か。

ここで筆者は、別の「木登り」少女のことを思い出す。アメリカの、満すゑより一世代前の少女[5]。

「……ある美しい春の朝、私はあずまやでひとり腰をかけて本を読んでいましたが、ふとえもいえぬ懐かしい香気が空気中に浮動しているのを感じました。私は思わず知らず立ち上がって、両手を差し出しました。まるで春の女神があずまやの中を通り過ぎたのかと思われて『何だろう?』と私はいぶかりましたが、すぐそれがミモザの花であることがわかりました。……私は庭のはずれまで手さぐりで進んで行きました。……私は花びらの雨をくぐって、大きな幹のところまで進みました、……それから、枝と枝の間の大きな隙間に足をさし入れて登りはじめました。……何かしら素敵な驚くべきことをしているような喜ばしい気がして、だんだんと高く登り、……。バラの花の雲にのった仙女のような気持ちで、私は長い間そこにすわっていました。その後もこの『楽園の木』に登って、美しいことを考え輝かしい夢をゆめみながら、私は多くの幸福な時間をすごしたものです」

「手さぐりで」のところでわかった人はすごい! そう、あのヘレン=ケラーだ。木登りは盲目の人には大変危険な行為だが、その恐怖を打ち消すほどの素敵なパラダイスだったのだ。
満するゐに戻ろう。彼女はこのあたりは、文学作品をしたためるかのような筆致である。
「わが家の生垣の外の道は、大潮の満潮時には河をさかのぼってくる潮水で人が通れなくなります。だから門はあっても門扉はなく、屋敷内の通り抜けは自由で、犬もおなじみと見えて吠えません。一キロほど下流の河口につながる海岸線のジグザグに入りくんだ狭間に住んでいる昔の隠れキリシタンの末裔の子どもたちの一団も学校の帰り道、通り抜けようとします」(婦・271・45)
子どもが登場。
「この子たちに樹の上から『ザボンやろか』と声をかけると、驚いて見上げてウンとうなずきます。『自分たちで登って採んな』というと、人間梯子をこしらえて登ってゆきます。……『好きなだけ採ってよかよ』といっても、彼らは人数分だけしかとりません」(同)
結核で女学校の友人も若くして亡くなっていく。自分も? と一抹の不安がよぎる。木の枝の上で、緑したたる樹木の中で少しずつ快癒してゆくのがわかる。目の前にはたわわに実るザボン。そうだ、この実のようにゆっくり元気が回復してゆくだろう。
次はアヒル。

「ある日、少し河上の対岸の集落に住む四、五人の男の子が『あんたのあひるが龍神様の葦の間に卵を産んでいた』と、十個ほど持ってきてくれました。私が帰ってきていることを知ったのでしょう。せっかくだから二つだけもらって『あとはみんなで分けなさい、これからも卵はみんなあげるから』と帰しました。下流五十米ぐらいのところにある中州に、石彫のなまずが祀ってあり、その周囲には葦が生い茂っています。あひるたちは朝早くから、そこに遊びに行って餌をあさり、夕方になるとガアガア呼びあいながら帰ってきて、縁の下のうさぎ小屋に入って寝るのですぅ。いたちにやられないように、戸は毎晩閉めてやりました」(同)

※この中州に百年後の今も「石彫のなまず」がいる。この、尾の欠けたナマズはよほど注意して探さないと気づかないような、地面に同化したかのような石だ。満すゑやこどもたちはこの「石なまず」を何度なでたことだろうか。

二か月あまりもこんな童話のような生活をして、彼女は元気になった。

(1) 馬島僴『激動を生きた男――遺稿馬島僴自伝』日本家族計画協会、一九七一年
(2) 磯谷季次『わが青春の朝鮮』影書房、一九八四年
(3) 増岡敏和『民主医療運動の先駆者たち』全日本民医連出版部、一九七四年

（4）荻野富士夫編『治安維持法関係資料集　第3巻』新日本出版社、一九九六年
（5）ヘレン・ケラー『ヘレン・ケラー自伝――私の青春時代』川西進、ぶどう社、一九八二年

第六章　最後の砦

雪国へ

一九四〇年、新潟へ赴任する決心がつくには、少なからずためらいもあったようである。

「学校を卒業した年（昭和一五年）の夏に新潟の葛塚無診に医者がいなくなって休診しているからというので、市川の藤原先生のところに『誰か行く医者がないか』といって頼みに来たので、藤原豊次郎先生がその人たちを連れて私のところに『葛塚に行ってくれないか』と訪ねて来られました。……その時、泉さんに相談にゆきましたら、あぶないから新潟なんかゆくなと止められました（若・203〜204）」

無産者診療所は一九三〇年の東京・大崎診療所からはじまり、三一、三二年と全国に広がり活況を呈していたが、翌三三年に集中的な弾圧を被り、当時は新潟だけが「最後の砦」であった。この孤塁に向かうのは最後の決戦、しかも悲壮な最期を予感せずにはおれない決意がいる。

「葛塚に行かないことに決めたあと、五泉から医師の水野進ともう一人書記だったかがやってきて、『葛塚に行かないのなら五泉にこないか』といってきました（若・204）」

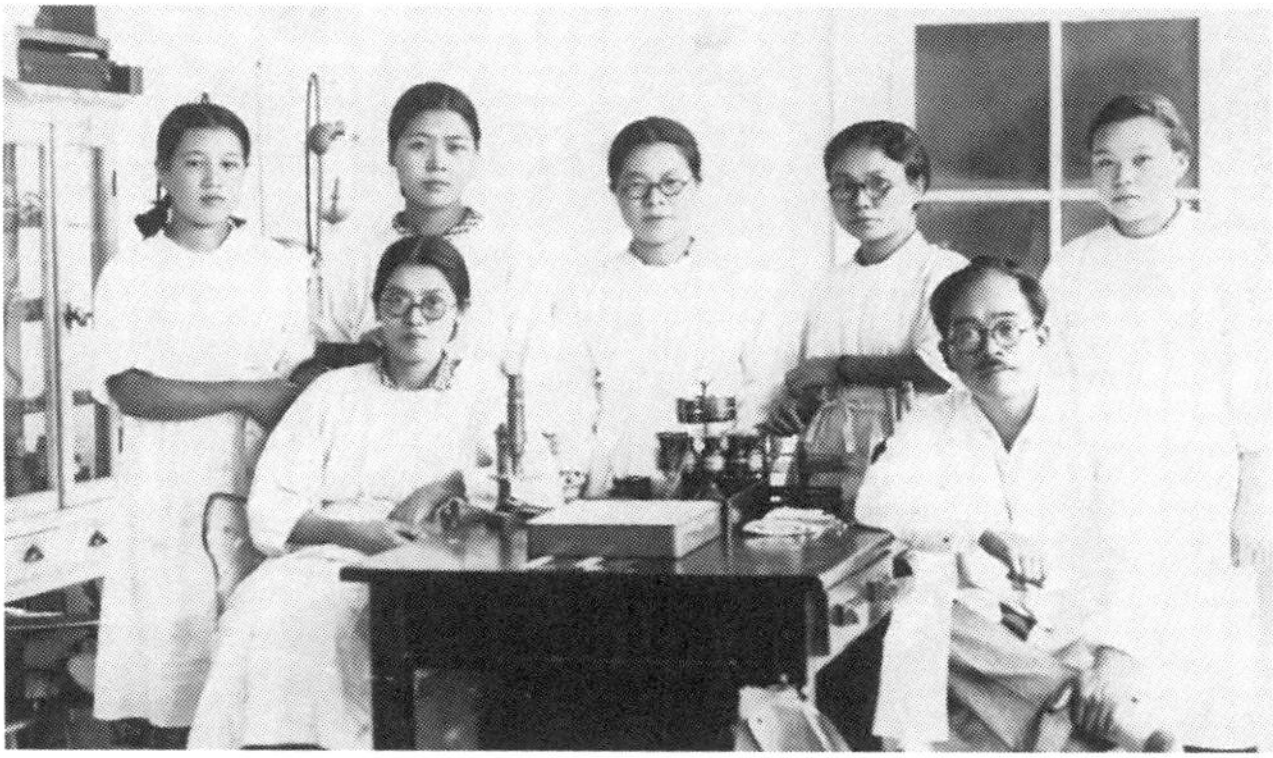

五泉無産者診療所にて（前列左が満すゑ）
出所：公益財団法人淀川勤労者厚生協会「淀協のあゆみ」

ここで新潟の、二つの無産診療所について簡単に説明しよう。ここでは主に『民主医療運動の先駆者たち』を元にしている[1]。

新潟の無産者医療運動は農民が担っている。しかも、長年の農民闘争で鍛えられた小作人が主力である。農民運動は小作争議に代表される。では、地主と小作の関係、つまり搾取の実態はどうであったか。大地主はあたかも封建領主さながらで、これは大正・昭和ではなく江戸時代かと錯覚するほどである。

「この貧困とのたたかいの伝統は、昭和に入ってももちこされ、ひきつがれていった。

資料によると次のような状況であった。

五〇町歩以上の地主が二六二人、そのうち一〇〇〇町歩以上の所有者が五人、その人たちが

三九、二〇七町歩の耕作地を所有していて、その下に七一、九九二人の小作人がいた。……地主のうち、市島徳厚や伊藤文吉などは、その所有地一、三〇〇町歩を超え、田巻堅太郎の小作人は、二、七九五人に達していた」

※一町歩は一ヘクタール、学校のグラウンド一枚分の広さ

これが〝封建制を強く残した〟近代資本主義国・日本の実相である。貧しさの原因、小作料はどうだったか。

「そして、小作料は非常に高率で全収穫の半ばから六〜七割を地主に納めねばならなかった。で、小作人は出稼ぎをしなければやってゆけず、新潟県は全国一の出稼ぎ王国となっていた」

これで小作争議が起きないのがおかしい。

新潟県下の小作人組合の数は、一九二一年には二一組合であったのが、二四年が二九九組合、二七年が六〇六組合。農民組合数は五六四、組合員は四万六一二一人であった。(2)

小作争議は上越・中越・下越どこでも起きたが、その中の木崎村大争議を見てみよう。

下越の北蒲原郡木崎村（現・豊栄市）は、新潟市と新発田市の中間にある農村。一九二

○年代、小作料減免が要求されたが、地主側は頑として拒否し耕作禁止・土地返還・小作料請求の訴訟を起こす。これに対する農民の一致団結した闘いが盛り上がる。子どもは同盟休校、さらに〝人民による人民の学校〟である無産者農民学校が設立される。

この闘争、新しい〝木崎コミューン〟建設の様子を、一九三〇年秋の東大で行われた「木崎村闘争の総括的報告」で説明しよう。(3)

「地主の強行手段に対し農民組合木崎支部長は雪の上で日本刀による自刃を計り、日農副支部長は亜砒酸で、と悲惨な犠牲者を出した。

しかし各地からの応援も又盛んだった。徳田球一、鈴木文治、片山哲らも駆けつけ、マスコミも小作側に味方。一九二四年の村会議員選挙では日農の組合員が半数近くを占めた。学校に行かない木崎小学校五百九十余名の「盟休（同盟休校）児童たちの指導には、新人会の東大生をはじめ、他の大学や高等師範生など、十八名が当たり、質量ともに公立小学校よりも充実したものとなった」

人民学校はどうか。

大宅壮一らが中心となって、「小学校としてだけでなく、農民解放運動の闘士養成を目指す高等農民学校の構想を練り、多くの文壇人や大学教授などがそれに呼応した。……校長・賀川豊彦、講師には浅沼稲次郎……」

完成は一九二六年の夏であった。

何年にも及ぶこの「外国にも報道されるほどの大事件」も、遂に終結を迎える。『新潟県史』によると、[4]

「地主側の攻勢と農民組合の内部分裂のため、小作側は次第に劣勢となり、昭和五(一九三〇)年七月、東京控訴院で和解が成立、小作人が未納小作料を全額払うことで争議は終了した。

争議は小作側の敗北に終わったが、小作人の権利意識の強化・組織化の進展が定着した点では、小作争議史上、画期的な意義をもっていた」

このような自立しつつある農民の自信がこれからみる無産者医療運動に結実していくことになる。

さて、医療のことに入ろう。まずは医療費から(これらのことは満するゑたちのほりだした資料および説明によっている[5])。

家計に占める医療費の割合は都市民より農民の方が多く、「農民の方が医療の家計に対する圧迫は過重であった。そして農民の家計に負担となる医療費は現金支出であることで、……二三・〇％負債となっていたということである。

こうした農民のたたかいの伝統や医療をもとめる要求に根ざして、北蒲原郷や南部郷に無産者医療運動は昭和六年十月から動きはじめ、やがてうちたてられていったのである」

そして、三三年に五泉診療所が、翌年葛塚診療所が開設された。

＊

満するゑに戻ろう。
「体力的に自信がなかったものですから、五泉だったら他に医者が一人いるのだし、あそこで、なんか意義のある仕事ができそうな気がしたものだから行くことにしました」（若・204）
「意義ある仕事」ができそうと考えたのは、農村医療についてそれなりの勉強をし、見学もしたからである。
「夏、葛塚の帰りに五泉に立ち寄って、いろいろ見たり聞いたりしていたのでした。高橋実さんがその頃、（昭和）一三年か一四年に出版された本がありますが、その本が非常に励みになっているのです。『東北一純農村の医学的分析』、これを読んで非常に感激しましてね。……一〇年ぐらいは農村に頑張っていたら、何か記録に残せるような仕事ができるのではないかというような気がして行く気になったのです(同)」

このような研究意欲と、先述した逞しい農民運動の歴史への共感もさることながら、やはり民衆の命を救うことへの使命感が彼女を動かす根底にあったはずである。関東大震災後の被災者の姿が甦る。「病人はいないか？　子どもは元気か？」私の天職は苦しむ大人や子どもたちの苦しみを和らげ、治すことだ。快癒してゆく彼らの喜び、それを我が喜びとすることだ。

そして一〇月、彼女は五泉に赴任した。五泉村は先に述べた小崎村の南方約二〇キロの農村である。

五泉無産者診療所

現在の新潟市の東部（北区）に当時葛塚診療所があり、その南約二〇キロのところに、五泉診療所があった。広大な穀倉地帯を有する新潟県の北東部、地元では下越という。満するゑと一緒に五泉無産者診療所で働いた医師・水野進の「新潟医療同盟に働いて」という当時の文（一九三六）を参考に説明しよう。(6)

一九三一年、東京・大阪を中心に日本無産者医療同盟が結成された後、新潟県でも準備会、支部結成となり、三三年に五泉医療同盟結成、そして翌年五泉無産者診療所が開設された。場所は磐越西線・五泉駅のすぐ側である（後に移転）。

この地は、

「古くから農民運動の盛んな所で、ここの大衆はそうした農民運動の経験をよくこなして、当時の無産運動一般を襲った弾圧の嵐の中に、よくこの至難な運動を成功させた。組織メンバーの根幹は、農業労働者」で「小市民の比重は軽い。同盟員総数六〇〇余。五泉町診療所の他に川東、馬下《まおろし》の二か所に出張所を持つ」

診察は診療所内のほか、いわゆる往診が多く、なかなか大変であった。当時はもちろん車ではなく、自転車が花形であった。『民主医療の先駆者たち』内、「五つの泉の湧くところ」の書き出しも自転車である。(7)

「自転車と往診

農村の医療活動といえば、昔も今も、広範囲にわたる往診は余儀ないことであるが、戦前の田舎道の悪さは、とくに往診するものをおおいに苦しめた。

新潟県の無産者医療運動にたずさわった人びとの思い出も、したがって自転車やスキーなどによる往診についてのエピソードが多い……」

「……五泉診療所の看護婦だった野口ワカは、『四、五日練習して自転車に乗れるようになった。乗れるようになったとはいえ、坂道の多い山村では、一里の道を一時間もかけて通うようなありさまで、歩いたほうが早いとみんなに笑われた』り、彼女もまた……泥田にはまって、『田の草刈りかい。ご苦労さん』とひやかされたりであった」

「さらに、葛塚に無産者医療同盟をつくるため、五泉診療所からでかけて活動した新潟医科大の学生たちも、健康診断や衛生講話に自転車を使ったが、そのうちの一人・山田道泰は、転んで胸を打ち肋膜炎をおこした。

五泉診療所の往診は、そうしたなかでもとくにすさまじかったようである」

〝すさまじい〟往診状況とは！　全身全霊をかけた、若者ならではの躍動である。

その若者の一人、酒井澄のこともつけ加えておこう。当時の無産診療運動の真価を理解するためにも。

「酒井澄は、毎日三〇件から五〇件の往診をした。

自転車で一巡すると八里余（三二キロメートル余）もあった。いまの五泉市をぐるっとまわったことになるそうである。

で、毎日帰りつくのは午前であった。ときには、午前二〜三時になることもあった。

酒井は『郵便配達とおなじぐらい部落の道を知っていた』と笑っていたが、その最盛期は、常勤医師二人（酒井澄・米沢進）で、一日外来患者一〇〇人以上も診察することがあったなかだし、しかも出張所三つ（巣本・馬下・中川新）分の往診も兼ねていたから、酒井澄も数年のちには体をこわして五泉診療所を辞めねばならなくなるほどであった。

高校時代、サッカーで鍛えた体であったが、もたなかった」

ここで、満する本人の言葉を聞こう。

「五泉では無産者医療同盟、無産者診療所から『無産者』をはずして、南部郷医療組合、

五泉診療所と変えられていた。二・二六事件などで物情騒然たるころ米沢医師の言い出しで、弾圧を避ける意図で、内容はそのまま、機械的に名称を変更してカムフラージュしたにすぎない。その後、国家総動員法が施行されて戦争準備が強化されていくなかで、無産政党、労働組合、農民組合、文化団体などいっさいの民主無産団体が解散を命ぜられて、勤労者の組織が消滅していた当時、合法的にただ一つ残された医療組織は最後のより所であった」(根・125)

「医師は水野と金高の二人。……

……見習看護婦は組合員の家族だった。五十嵐という名だけしかおぼえていない。川東村の出張診療所には週三回かよった。五十嵐はわらグツで凍てついた雪路をスイスイと歩いてゆく。金高が歩きなれないために、すべったりころんだりしながら、何倍かの時間をかけて一里半か二里の道を歩いた。往診は遠いところからは箱ゾリにアンカを入れて二人で迎えに来るが、途中で何度も嘔吐しながら患家に着いた時は医者の方も半病人みたいだった。定期往診のような所はスキーでいく。平地なので登りの苦労もないかわり、滑降のおもしろ味もない苦行である。着いても、深い雪の底にうずもれている農家への雪段を抱き下ろしてもらわなければならないというやっかいな医者だった」（根・126～127）

石段ならぬ雪段を、だっこしてもらい患者の家に入る医者。長崎育ちの満するゑにとって、雪国での生活と仕事は短期間とはいえ、一生脳裏に焼き付いたことだろう。

しかし、数年前からこの雪国で生活してきた水野進の言葉がもっと重い。

「今冬の新潟県の雪は五十年ぶりの大雪だという。来る日も来る日も粉雪が吹雪く。流感が暴威を振るう。吹雪に足をとられて、少し位の病気だと皆我慢している。いよいよ我慢出来ないと往診を求めに来る。部落から部落へは少なくとも三、四丁という散在した農村地帯に置かれた診療所は雪にうづもれ、炭火のみ赤々としているが患者はない。往診の注文だけは矢次ぎ早やだ。これで続くかしらと朝から引きずり回した重い足を引きしめ十軒目の患家から出る時、早や夜の十時ということもあった」

引用は長くなるが、苦労しながら徐々に住民の理解と協力が生まれてくる様子を書かずにはおれない。

「そうした雪中生活を二十日ほど続けた頃、診療所から一里ほど隔った所から往診を頼まれた。患者は腺病質の学童で、虫様突起炎と鼠蹊淋巴腫で痛み苦しんでいる。幸い虫様突起炎は重くならずに済んだが淋巴腺腫は腫れ上がる一方。三四日後には、そこの自宅で切開した。さてその後はたった一人の患者のために往復二里を毎日通わされた。大体この部落は妙にいぢかんだ、反動気分の部落で医療同盟もほとんどなかった。従って他に患者もない、吹雪にうづまり、ころびつつ異様な雪装束の医者と看護婦の歩く姿は、雪の奥からチャンと幾つかの村人の眼が見張っていた。往来で道を譲りながら挨拶する人がポチポチ増した。『ついでに私もひとつ見てくれ』と患者が出た。何時の間にか、最初の往診患者の家が臨時診療所に固化した」

とてもわかりやすい描写だ。

「患者は増し、組織も増えた。何に感じたか、わからず屋で通ったその部落から物凄い精力と良心を持った青年が現れて世話役をやってくれ出した。付近三字が集まって建てた学校の講堂が借りられて講習会や座談会が盛んに持たれた。救急箱設置記念講演会が開かれた。雪の半年寝て暮らす暗い半死部落は何となく明るくなった。……これらが楽になったと思う頃、医師の苦労が問題となり、診療所区域中心に常用櫁のカンパが提唱された。……五十年ぶりの大雪の下で案じていた組織と経営は案外な成績を示し続けた。『冬は大気の中へ！』と鉄道省がスキー宣伝をやる候に、私たちは『冬の中へ』と消えて行った。冬ならずとも部落の中へ、の方針。それこそ『大衆と結合した技術』の方向であろう」

一つ、意外な挿話もある。

「作家の島木健作や『赤い判事』と騒がれた尾崎陸《すすむ》なども『何かの目的』で立ち寄って行った」

これには多少の想像力が働かざるをえない。

島木健作は香川県の農民組合書記として活動中、「三・一五」で検挙され、高松刑務所から大阪刑務所へ。その後変革運動から身を引いて作家となった。年譜には「一九四〇（昭和一五）年『或る作家の手記』……を発表。……十一月にはさらに秋田・青森地方の、十二月には新潟の農村をそれぞれ見て回る」とあり、著作のための取材旅行であろう。(8)

尾崎陸は一九三二年、「司法赤化事件」で他の三名の判事と数名の書記などとともに弾圧された、東京地裁判事である。

東京地裁では尾崎のほか、司法官試補の坂本忠助、書記の西舘仁、長崎地裁判事の為成養之助、雇の山本逸馬、札幌地裁の滝内礼作、山形地裁鶴岡支部判事の福田力之助と書記の常井直俊、雇の白井十四雄が治安維持法違反で検挙。この事件は大学の教授たちに対する政府の干渉、圧力となり、滝川事件他の学問弾圧へと繋がっていった。

＊

この新潟の無産者医療と農民を含む民衆がいかに密接な関係にあったかを、酒井澄の説明で締めくくろう。

「当時農民運動は徹底的に弾圧されていましたが、医療同盟の方はそうでもありませんでした。……特高がよく診療所へ来ましたがお世辞か何かは知りませんが、『先生方はよく薄給に甘んじて……』などといっていましたし、奥さんが病気になれば連れてきたりしていました。彼らにいわせると『医療運動はよいが、農民運動はわるい……』というところでしょうか。それと無診と患者大衆とのつながりはとても強かった。それこそ守り、守られるという関係だったですから、下手におさえればぱっと火が付く、農民運動がいっそう先鋭化するという、そういう情勢もあったと思います」

治安維持法（4）

治安維持法の四番目の顔、一九四一年改訂版は三月一〇日に公布され、五月一五日に施行された。満するゑが三回目に新潟で検挙されたのが四月三日であるから、その前後の出来事である。したがって、彼女の運命には直接関わりはないが、この弾圧法の生成・展開・消滅の全過程を概観することは重要であろう。

二九年の改訂法の後一一年間は、弾圧強化のための改正案がたびたび作られ、上程もされた。しかし議会が難航し、なかなか実現できないので、三六年に「思想犯保護観察法」という別名で三度目の変身を遂げたが、「本体」の持っている曖昧さをすっきりさせるために、明確な表現を与える必要があった。二五年にはじめて制定された時と二八年の緊急勅令で発布された時は全七条の短いものであったが、今回の改訂では六五条と、長大な法律となった。

第一章「罪」、第二章「刑事手続」、第三章「予防拘禁」とはじめて章立てされ、これまでのものに第二と第三章が付け加わっている。

「罪」では、これまでの「結社の目的遂行のためにする行為」という曖昧で万能の切り札を、はじめて詳しく分類して罰することにした。例えば、結社を準備することを目的とした結社、サークル（集団）、神社や皇室を冒涜する結社、カンパ提供など。

さらに国体（天皇制）変革と私有財産制（資本主義制度）否認を別々の条文に分けて独立させ、前者から禁錮と懲役の選択をやめて懲役のみとし、外郭団体にも死刑を創設など、前者の罰を重くした。

宗教弾圧についてもはっきり条文化したのは、三〇年代後半になされた大本教、灯台社などへの弾圧を、事後に正当化するためのものであろう。

「刑事手続」では控訴を禁じて二審制にしたこと、弁護士は司法大臣が指定するものに限るなど。

「予防拘禁」は新設で、恐るべき内容というか、罪刑法定主義を否定するようなあきれたものだ。刑期を終え釈放されても「釈放後においてさらに……罪を犯すおそれあること顕著なるときは」拘禁できるという。執行猶予中や保護観察中の者も同様に予防拘禁の対象となった（第三九条）。「刑期をつとめあげ、他の点で非のうちどころのない市民を、何年も何年も、自由はく奪状態の中に据え置くことができたのであった(9)」。

実際にこの予防拘禁された松本一三《かずみ》の体験を聞こう[10]。

「一九三八年、静岡人民戦線事件に連座した私は静岡刑務所で服役していた。そして、一九四一年の三月一〇日に『予防拘禁』という一項目をその第三章にとりいれた改悪治安維持法が公布されなかったならば、私は一〇月三〇日には刑期を満了、出獄できるはずであった。だが、三〇日の朝、予防拘禁決定の通知を受け……拘禁所へ移送された。……

……小菅刑務所からは一〇年の刑を満了した徳田球一、志賀義雄、福本和夫、一般の社会からも数人の人がポツリポツリと収容されてきた。……

ところが、真珠湾奇襲攻撃を火ぶたにして太平洋戦争がはじまった一二月八日の翌九日早朝、治安維持法前歴者に対して全国的いっせい検挙がおこなわれ、二九六名が逮捕された。……誰もが『再犯のおそれあること顕著』という裁判所の『決定』をうけてのことである。私はこれをみて、予防拘禁制度は太平洋戦争に備えて作られたものであることを思いしらされた」

淡々と述べる彼の腹の内は、実は煮えたぎる思いであった。松本は、二年間の予防拘禁が更に延長されたことに対し、裁判長と司法大臣に対し「抗議書」を提出した[11]。

「……最後に一言せん。

一国の司法大臣たるものは常に正々堂々たれ。若しそれ共産主義理論にして誤りなからんか、具体的にそれを批判して誤れるを正し以って共産主義者を導くべし。思想には思想を、理論には理論を、真理には真理を以て須く対抗せよ。四星霜を獄中に送りし者を一日として社会に出すことなく拘禁所に収容し、而して二年の拘禁期間終るやこの間空しく放置しおきしに拘らずさらに前記の如き裁判によって拘禁更新を決定す。これをしも暴力と言わずして何ぞや。圧政と言わずして何ぞや。人間の尊厳性を蹂躙するに無慈悲なる、正に天皇制テロリズムに過ぎたるはなかるべし。

……………………………………

昭和十八年十一月十三日

松本一三

司法大臣　岩村通世殿」

満するゑと同郷の福岡醇次郎の三度目の逮捕も、同日のこの「予防拘禁」によるものであった。

三度目の検挙・投獄

新潟での検挙の様子について、満するゑは次のように書いている。

「このご間もなく、『大政翼賛会』（情報局だったか）からも『赤』の検挙者を相当出した。そこまで来るような情勢なら、いよいよ診療所にも来るなと覚悟した。診療所の周辺、自宅のまわりに異様なふんい気が感じられだしてから相当日がたった一九四一年四月三日の早朝、五泉と葛塚との同盟、診療所関係者のうち主だった者の一せい検挙によって、日本における無産者医療運動に最後のとどめをさされたのである」（根・128）

さらに、

「一年半ほど新潟の警察と刑務所におりました。とにかくあすこで冬を過ごしたのです。吹雪が舞い込んで土瓶のお湯が凍るようなところでしたね。葛塚の佐藤佐藤治、和藤治兄弟、それから、五泉では診療所書記の斎藤国定、水野進、五十嵐力、私と六、七人でしたか。……五泉の警察にちょっといて、それからすぐ新潟署に送られたのですが、そこまで行ったのが六人か七人ぐらい、佐藤佐藤治は留置場で一度みかけましたね。あとの人は見かけることはありませんでした。和藤治さんと五十嵐という書記は獄中で結核で亡くなりました。和藤次さんは東京で労働者として働いている時検挙されて、結核で帰ってきて血を吐きながら葛塚無診の書記として働いていましたが、五十嵐さんの方は五泉診療所の書記ではなく、医療組合書記でした」(若・204~205)

「血を吐きながら」「働いて」いた佐藤・和藤治が獄死。本題は満するゑだが、和藤治についてここでしっかり書き留めておかねばならない。血を吐きながらも、静養せず、最期まで己が生き様を貫き通したのだ。

『特高月報』(昭和一七年一月)には、満するゑの次にこう記されている。

「新潟　佐藤和藤治

昭和一六年四月三日検挙

昭和一七年一月六日起訴

[犯罪事実](コミンテルン並党目遂)昭和二年三月頃日本共産青年同盟に加入、更に日本共産党に入党する等の活動により検挙せられたるも依然として翻意せず葛塚医療同盟が左翼的医療団体たるを知りながら昭和一三年六月右同盟(後葛塚保健組合)に加入し医療の大衆化運動、救援運動、技術者獲得運動、出版活動等に狂奔し、あるいは無産者病院の

建設、国民体位向上に対する運動、医同改組運動に積極的に参加し、且つ新潟県医療同盟協議会を結成する等の活動に従事しつつありたり。
本籍・新潟
団体関係・葛塚保健組合
新潟県医療同盟協議会
学歴・尋卒
職業・上記組合常任事務員」
五十嵐力についてはこの欄に名前がない。
さて、投獄については比較的多くを書いてある「自伝・幾山河越え去りて」でも、「昭和十六年四月、新潟の特高が『これで日本の無産者診療所運動の息の根にとどめを刺した』と豪語した、葛塚と五泉の診療所の弾圧で、医師も、書記も、役員も根こそぎ検挙され、私はまた新潟署、刑務所と約三年いて、夫と義母の住む西宮の家に移りました」(婦・276・46)とあっさり記している(前記の「一年半ほど」と年数が違うのは年月の記憶違いか?)。
西宮では親類の経営する病院に勤めたが、空襲の時には救護班として活動した。
「病院のある地域には、医師は私一人しかいませんでした。だから、助産婦経験者、薬剤師まで動員された救護班は、警戒警報が鳴ると、線路の向うの遠い小学校まで走って集まらなければなりません。……防火などそっちのけで、女や子どもは西宮球場のスタンドに逃げこむ……（婦・276・47）」である。

さらに彼女は空襲下でこれまでの医療活動とは全く別の仕事があった。検死という仕事である。

「隣の駅近くの高台に小学校があり、その付近一帯に大型爆弾が多数投下されたことがありました。寺の本堂が死体収容所になり、私は検死係でしたが、頭蓋骨が半分ふきとんでいる人、腸がとび出している人、上肢や下肢がちぎれてない人、中には横穴式の防空壕に逃げこんで、どこにも外傷はなく着衣もそのままなのに風圧で死んだ人など、実にさまざまな犠牲者の悲惨な姿を診なければなりませんでした（同）」

このような惨状は東京大空襲をはじめ全国至るところで起こり、豊かな国土はほとんど焦土と化した。

（1）増岡敏和『民主医療運動の先駆者たち』全日本民医連出版部、一九七四年
（2）新潟県史研究会編『写真で語る新潟県の百年』野島出版、一九七三年
（3）松永健哉『五分の魂の行方』大空社、一九八八年

(4) 新潟県『新潟県史 通史編 8 (近代3)』
(5) 増岡敏和『民主医療運動の先駆者たち』全日本民医連出版部、一九七四年
(6) 葛塚医療同盟を記録する会『長靴の診療――葛塚医療同盟の記録』一九八三年
(7) 同 (5)
(8) 福田清人編『島木健作 人と作品』清水書院、一九七九年
(9) 奥平康弘『治安維持法小史』筑摩書房、一九七七年
(10) 豊多摩(中野)刑務所を社会運動史的に記録する会編『獄中の昭和史――豊多摩刑務所』青木書店、一九八六年
(11) 松本一三『すずろなる――松本一三獄中詩集』光陽出版社、一九八九年

終章　破局と新生

兄と弟は……

戦争は終わった。満すゑたちが命がけで阻止しようとした帝国主義戦争が終わった。大日本帝国は崩壊した。

満すゑの肉親も戦争の犠牲者となった。兄・謙二は長崎で被爆、妻と娘二人を亡くし、自らは「原爆手帳第三十九号」となった。無差別殺人（ホロコースト）の犠牲者である。弟・博司は帝国軍人としてボルネオで戦死。これは戦争の最前線での「名誉ある」戦死と、一般的には讃えられた。

＊

兄の謙二は長崎市茂里町で写真館を営んでいたが、「戦時疎開命令」により強制的に転居させられ、その東の山腹、本原町に妻と娘二人と一緒に住んでいた。写真の仕事は止められ、「戦時徴用令」により浦上川の対岸、稲佐山の麓にある酸素製造工場に動員されていた（爆心地から家は八〇〇メートル、仕事場は二キロである）。

一九四五年八月九日。(1)

「その日は、早朝から空襲警戒警報のサイレンが響き渡っていた。……朝食もそこそこに玄関を出た。まだ食事をしていた二人の娘（尚子・十一歳、光子・六歳）も妻（フミ子・三十七歳）に従って出てきた。『行ってらっしゃい』と元気な声で送り出してくれた。神ならぬ身の、これが永遠の別れになろうとは知る由もなかった」

「私は『空襲だぞ！』と大声で叫び、防空壕に走った。……防空壕の入り口まで走り着いた時、工場の窓ガラスは、蒼白い強烈な閃光に照らし出された。……強烈な閃光に、私は至近距離だと思って、反射的に訓練の通り、両手両指で眼と耳を固く抑えて、壕内の地底に伏した。

何かドーンと地響きがした。腹の底から全身に響いて来る感じであった」

破壊された工場を抜け出て、家族の安否を確かめるため、わが家の方へ彼は向かった。

「長崎駅方面も幸町方面も見渡す所すべてが燃え上がっていた。」

彼は何が起こったのかわかっていない。

「町全体の様子がどうも変だとは思ったが、各工場内の危険物がことごとく誘発して、被害が大きくなったのだろうと思った」

「爆心地から直線距離で千二百メートルのところにある梁川橋付近の道路に、若い女性の死体が横たわっていた。これまで見たこともないその異様な死体に、私は驚いてしまった」

「……何台もの電車が焼け焦げ、黒焦げの死体が焼けた窓枠から見えた……」

一つ一つの、余りにも残酷な描写が続く。

やっと家に着いた。

「前庭の道端に、次女の光子が、既に死んで転がっていた。いつも着ていた青い色のもんぺは破れ、皮膚は真っ赤に焼けていた。大声で怒鳴っても何の反応もなかった」

妻は瀕死の状態で「胸と背中には、ザクロを割ったような傷口が開いていた」

これ以上書くのはあまりにもつらい。しかし、謙二氏は書き伝えねばならないと、歯をくいしばって書き綴っている。

足に傷を負い、息も苦しいのに「一言も傷の痛みを訴えなかった」尚子は、「『おとうちゃん』と一言声を出し、さもうれしそうな安心した表情で、水を実にうまそうに飲んだ。その水が尚子の末期の水となった」

妻も。

弟、博司。

＊

本書第一章の「母と父の死」のところで、小学一年の満すゑが母の火葬の後、三才の博司と、「からだを半分にまげて声をかぎりに『姉ちゃーん』と叫んでいる姿を最後に」分かれるシーンがあった。

祖母に連れられて広島へ行った博司のその後のことはよくわからないが、謙二のご子息の茂昭氏が筆者に宛てた手紙によると、博司は職業選択に苦しみ、最終的には職業軍人への道を選択したということのようである。

「父の弟〔満すゑの弟でもある〕は職業軍人で、スマトラ島で他界しています。満すゑとその弟（博司）の政治思想は真逆で、満すゑと弟とは犬猿の仲だった様です。二人の兄である私の父は、妹と弟の間に挟まれ、翻弄され、気苦労に苛まれた様です」

かけがえのない兄弟をこのように引き裂くものは何か。満すゑはその理由がわかってはいるが、やるせない思いに浸ったことであろう。

なかったものとする？

当の満するゑはこれらとは別の犠牲者である。

「一九四五年十月十日。治安維持法も保護観察法も廃止になり、今までの刑はすべてなかったことになったという意味の通知が届きました。私は『ざまあみろ』と一ぺんに永年の圧迫感から解放されて、あんな嬉しかったことは生涯にあまりありません」（婦・276・47）

と、彼女はこの半生伝を締めくくっている。

しかし、この数行はあっさり済ますことができない、重い内容だ。

日本政府は八月の終戦の詔の後も、治安維持法も特高警察も存続させ、反体制派はどしどし逮捕するという声明を出し、ポツダム宣言第一〇条の民主主義復活を無視。これはGHQをあきれさせた。そして翌一〇月四日、いわゆる人権指令、正式には「政治的、公民的および宗教的自由に対する制限の除去の件（覚書）」を命じたのである。

そして一〇月一〇日、囚われの身となっていた二千数百人が解放されて自由の身となった。内訳は以下のとおり(2)。

政治犯　　　　四三九名
予防拘禁　　　　一七名
被保護観察者　　二〇二六名
軍隊内政治犯　　二九名
そして、政府は天皇の命令（勅令）を出した。勅令七三〇号（政治犯人等の資格回復に関する件、昭和二〇年一二月二九日）である。
「別表に掲ぐる罪を犯し、本令施行前、刑に処せられたる者は、人の資格に関する法令の適用に付いては、将来に向かって、その刑の言い渡しを受けざりしものとみなす
［別表1］
1．……2．……9．治安維持法違反の罪……35．朝鮮もしくは台湾または関東州、南洋群島その他帝国外の地域に行はるる、または行はれたる法令の罪にして前各号に掲ぐる罪と性質を同じくするもの」
このように日本国内、植民地で猛威をふるった治安維持法（その他）は、実際には適用されて処罰が行われたというのは夢みたいなもので、ほんとうはなかったものとする、ということだ。

治安維持法により刑罰を受けた人々、言い換えると治安維持法による犠牲者はこれをどう理解するか。納得がいくか。

この法で検挙され、人間の誇りを蹂躙されて幽閉され、拷問をさえ受けた人が七万人近く。起訴された人、六千数百人。その中で獄死またはそれに準ずる（病気で仮出獄し、まもなく死亡）人が四〇〇人余り。そして裁判も受けることなく虐殺された人、一〇〇人近く。

これらの人は「なかったものとして、忘れろ」とか「水に流せ」と言われたのだ。あきれて物も言えない、とは満すゑは書かない。茫然とはしない。「ざまあみろ！」と敵を罵倒する。お前が間違っていたのだ、お前こそが裁かれるべきだ、と凱歌をあげる。

終戦時、悔しく、悲しく、涙を流した人も多かったという。だが、自分たちのこれまでの闘いが実を結ぶ新しい時代、民主主義の社会の到来に目を輝かし、燦然と照り輝く朝日を仰ぐように歓喜に満ちた人も大勢いたのである。満すゑはその中の一人であった。

追記

金高満すゑは戦後、代々木診療所（現在の代々木病院）、愛媛県松山の協同組合診療所、岡山県の水島共同診療所（現在の水島共同病院）などを経て、東京中野区の桜山診療所長として長らく民主医療に尽くした。

一九九七年一二月三一日逝去。

この桜山診療所の前身（若宮診療所）は、一九五一年に婦人民主クラブの活動家によって設立された。この民主クラブのメンバーは、宮本百合子、羽仁説子、佐多稲子、関鑑子などである。当時の宮本百合子の印象について、満すゑは後に、

「何かの会合のときだったか、ややおくれて入ってきた女性を見た瞬間、体格はずんぐりながらハッと胸をつかれる思いで、何と美しい女性だろう」[3]

と思い出を語っている。

そして数年後に現在の桜山診療所となり現在に至っているが、この間権力に対する闘争も展開された。一九八五年、警察（警視庁公安部）による、当診療所の患者への不当な聞

東京民医連桜山診療所所長時代

出所：『根っこは枯れず』

き込み捜査である。成人病検診が不正に行われているのでは、という予断による干渉である。これは革新勢力に対する弾圧であるとして、職員、患者（友の会）を中心に地域ぐるみの抗議行動となり、ついに権力側は撤退するに至った。(4)

民医連（全日本民主医療機関連合会）の綱領には、満するゑら無産者医療運動に携わった人々を顕彰して、次のように明記されている。

「私たち民医連は、無差別・平等の医療と福祉の実現をめざす組織です。

戦後の荒廃のなか、無産者診療所の歴史を受けつぎ、医療従事者と労働者・農民・地域の人びとが、各地で『民主診療所』をつくりました。そして一九五三年、『働くひとびとの医療機関』として全日本民主医療機関連合会を結成しました」

苦難に満ちた時代、蒔かれた種が成長しつつあるその時、無残にも断ち切られた若い一本の木。しかし、その根っこは枯れずにあったのだ。そして、各地で新しい芽が生まれ出、枝葉が生い茂り、結びつつある。

（1）金高茂昭『キノコ雲の下から、さあもう一度――ナガサキ・被爆家族の願い』新風社、一九九六年
（2）荻野富士夫編『治安維持法関係資料集　第4巻』、新日本出版社、一九九六年
（3）中野勤労者医療協会『中野勤医協の50年』一九九九年
（4）同（3）

民医連の人々の間では、金高満すゑはその礎を築いた先人としてずいぶん評価されて周知の人であったようである。何度も引用した『根っこは枯れず』の最後にある「推薦の言葉」は、出版当時の、すなわち半世紀ほど前、彼女がいかにその業績を認められている存在であったかを表している。

しかし、現在ではいかがであろうか。戦後彼女が長く勤めた東京中野区の診療所を中心とした地域ではその名がかなり知られているようだが、それでも戦前のあのファシズムと思想検察・特高の弾圧政治の下、彼女たちがいかに民衆自身による・民衆のための医療をめざして闘ったかを知っている人は、どれほどおられるだろうか。

彼女の出身地・長崎県で彼女の名前を聞いて「ああ、あの人」とわかる人が多いとも思えない。何を申そう、筆者は恥ずかしいことに、後で述べるように全く知らなかったのだ。満すゑが実際に無産者医療の現場で働いたのは二年ほどの短い期間に過ぎない。しかしその期間は治安維持法の時代、一九二五年から四五年までの期間とほぼ重なっている。したがってこの本は、金高満するゑを通して治安維持法時代の日本を再現するという風に解してもいいだろう。本書では、一本調子で社会変革に突き進んだ闘士ではない、普通の人間、金高満するゑを描いてみたかった。その激しい半生を、親しい友のような、慰め励ます姉妹のような存在として……。

満するゑは、危険を承知で活動し検挙、投獄されるという窮地に追い込まれてもまた立ち上がり闘う。倒れても倒れても、立ち上がる。この彼女の強さはどこからくるのか。歴史の発展法則を確信し、この立場、この行動しかとれない、という自律からくる自由の意識と満足感。一方、こんなに意志の強い人にも、進路選択の迷いはつきものだった。「どうせ医者になれないのなら……」と諦めをささやく悪魔が彼女を誘惑する。やるせない孤独感。この弱さと同居した強さだったのだろう。

ここでどうしても触れなければならないことがある。それは、現在の日本の由々しき姿である。戦後の萌え出ずる民主化の時期、しかし世界最強のアメリカに従属したままの日本の「独立」と政治的自由への圧迫、反動化。憲法の空洞化と共に進む日本の再軍備。最近では「集団的自衛権」という言葉によるカムフラージュがすっかり板について、新しい姿の日本帝国主義に変身しつつある。

外への攻撃的政策と車の両輪をなすところの国内での自由の弾圧も目立つ。合法的なビラ配りや平和的な政治批判行動に対して、戦前と同じような警察による干渉、弾圧が頻発している。これは政治批判を伴う芸術活動にも及んでいる。さらにテレビ番組への圧力や日本学術会議への政治的介入など思想統制の動きは重大だ。

したがって、この本は戦前のことを扱っているが、きっと読者は現在の、同じような「自由とその弾圧」という大テーマの諸問題に、何らかの示唆を得ることだろう。一世紀前も今も様相は違ってもその本質はちっとも変わってはいないのだ。

このことを治安維持法犠牲者（横浜事件）でジャーナリストの青地晨はこう述べている。「（私は）本質的な状況が変わらない限り、同じことを言い続ける。……これからも同じことを、状況が変わらぬ限り言い続ける他はない。……助け合う時代が来るまで、コケ〔苔〕のように同じことを言い続け、行動し続けるほかありません。……マンネリズムではなくて、いつも新鮮な感動をもって、同じことを言い続けたい。……無感動のマンネリズムではなくて、みずみずしく新鮮な感動をもって言い続けたい」（『同じことをみずみずしい感動で言い続けたい』、社会思想社、一九八七年）。

満するゑの時代も今も、本質的には同じ、天皇の衣装を着た独占資本主義体制。新自由主義と歴史修正主義という利己主義と偏狭な国粋主義。その真っただ中にありながら人民の解放と国際連帯の旗を掲げて、青地晨のように「同じことを、いつも新鮮な感動をもって」言い続け、活動し続けていきたい。

今、「宇宙船地球号」の住人である私たちは人類の存続に関わる極めて重大な課題を背負っている。この厳しい状況下で狭い個人主義、自由主義に脱することなく、ちょうど満するゑが仲間たちと未来を見据えて前進したように、理想社会を目指して歩み続けたい。

先哲カントは晩年の著『永遠の平和のために』（一七九五年）の末尾でこう述べる。「永遠平和は、決して空しい理念ではなくて一つのわれわれに課せられた課題である」。そしてわれわれは「根拠ある希望」を持って「その目標に向ってたえず近づいていくことであろう」。

＊

最後に、この本を書くことを決心したいきさつについて記す。

長崎県出身の治安維持法犠牲者の記録を調べている時、『特高月報』に「佐治?·するゑ」という名を見つけた。この「?·」は「は」のような文字だがはっきりはわからず、多分印刷不鮮明だからだろうと思って、そのままになっていた。

ところが二〇二一年の一月、知人の牛島万紀子さんの電話で急展開。

「あなたが書いた『炎は消えない　長崎県の治安維持法犠牲者』の中の『佐治はすゑ』は『佐治満すゑ』さんのことじゃないですか？　『させぼ女性史』に載っていましたよ。女医の金高満すゑの別姓でしょう。その本のコピーを後で送りますね」

東京女子医専中退、と『特高月報』にある。きっとそうだ！　その時の、何という嬉しさ！

このコピーが届き、さらに中村淑子さん、星野喬・千代美さんご夫妻、清家克子さん、そして婦団連（日本婦人団体連合会）から「自伝・幾山河越え去りて」や『根っこは枯れず』などの貴重なコピーが送られてきた。こうして、この本の基礎資料が大分集まったのだった。

ここまでは前半。

次に、私の数年来の知己である黒田誠さん。プロレタリア文化についての新聞記事を見て彼に便りを出したのが縁で、頻繁に手紙のやりとりをするようになっただけでなく、めったに見られない戦前の詳細な資料をどんどん送っていただいた。あたかも先生から宿題をいっぱいもらった生徒のように、勉強が尽きることがない、嬉しい悲鳴の日々が続いた。この大恩人のご教示、激励がなければ、到底この本を書く決心はつかなかっただろう。

執筆中、満するゑさんと親しかった元・中野区議の小澤哲雄氏からも、貴重な資料と証言をいただいた。そしてその資料を通じて、満するゑさんの甥の金高茂昭氏と文通がはじまった。氏は「満するゑ叔母さん」のことを手紙やメールでいろいろと教えて下さり、さらに被爆されたお父さんのことを書かれたご著書の紹介なども含め、親切にしていただいた。

中央治安維持法犠牲者国家賠償要求同盟顧問の荻野富士夫氏の丁寧なご指摘をはじめ、中央本部の中嶋育夫、大阪の柏木功、新潟の伊藤恭子、長崎の末永等氏にも大変お世話になった。とりわけ中村淑子、星野千代美、末永等の三氏からは終始変わらぬ温かい励ましをいただいた。

最後に花伝社の大澤茉実さんには文章の手入れはもちろん、引用資料や写真の出所の確認その他、丹念な作業に尽力していただいた。

これらの方々の支えがあって、どうにかこの拙著が出来上がった。心より感謝申し上げる。

力武晴紀（りきたけ・はるき）
1951年、長崎県に生まれる。京都・大阪・長崎で教職に就く。その後、かつての「思想犯」の名誉回復運動に携わる。著作に『炎は消えない——長崎県の治安維持法犠牲者』。

ザボンよ、たわわに実れ——民主医療に尽くした金高満すゑの半生

2023年11月20日　初版第1刷発行

著者 ——力武晴紀
発行者 ——平田　勝
発行 ——花伝社
発売 ——共栄書房
〒101-0065　東京都千代田区西神田2-5-11出版輸送ビル2F
電話　03-3263-3813
FAX　03-3239-8272
E-mail　info@kadensha.net
URL　https://www.kadensha.net
振替 ——00140-6-59661
装幀 ——黒瀬章夫（ナカグログラフ）
印刷・製本——中央精版印刷株式会社

ISBN978-4-7634-2091-6 C0023